Alexander Goldwein

VERMIETUNG & MIETERHÖHUNG

MIT ANWALTSGEPRÜFTEM MUSTERMIETVERTRAG & MUSTERTEXTEN

5. Auflage 2021

M&E Books Verlag

VERMIETUNG & MIETERHÖHUNG
Mit anwaltsgeprüftem Mustermietvertrag & Mustertexten
Alexander Goldwein
ISBN 978-3-947201-44-0
5. Auflage 2021
© 2017-2021 by M&E Books Verlag GmbH

M&E Books Verlag GmbH
Mittelstr. 11-13
40789 Monheim am Rhein

Telefon 02173-993 8712
Telefax 02173-898 4993
https://me-books.de
info@me-books.de
Steuer-Nr: 135/5746/0659
USt.-IdNr.: DE310782725
Geschäftsführer: Vu Dinh
Cover Image by fantasista at FreeDigitalPhotos.net

Die Deutsche Nationalbibliothek verzeichnet diese Publikation in der Deutschen Nationalbibliographie. Detaillierte bibliographische Daten sind im Internet über https://www.dnb.de abrufbar.

EINLEITUNG

Investitionen in Wohnimmobilien sind in Deutschland seit einigen Jahren sehr beliebt. Das hängt auch damit zusammen, dass aufgrund des historisch niedrigen Zinsniveaus mit darlehensfinanzierten Immobilien erhebliche Renditen erzielt werden können. Darüber hinaus besteht die Chance auf eine Wertsteigerung. Da die mit einer Wohnimmobilie erzielbare Rendite stark von der Höhe der Miete abhängt, ist es für einen Vermieter und Investor sehr wichtig, den rechtlichen Rahmen für Mieterhöhungen zu kennen und optimale Mietvertragstexte einzusetzen. Nur so ist er in der Lage, den Spielraum richtig auszunutzen und eine überdurchschnittliche Rendite zu erwirtschaften.

Viele Menschen geben an, bisher von Investitionen in vermietete Immobilien Abstand genommen zu haben, weil sie Konflikte mit Mietern und Verluste durch Mietausfälle fürchten. Bei Lichte betrachtet stehen die Befürchtungen jedoch in keinem gesunden Verhältnis zum tatsächlichen Chancen-Risiko-Profil von Kapitalanlagen in Wohnimmobilien. Eine Quelle der Angst ist häufig mangelnde Kenntnis des rechtlichen Rahmens. Es ist nachvollziehbar, dass die Angst vor einer abstrakten Gefahr umso größer ist, je weniger man über sie weiß. Daher finden Sie in diesem Ratgeber eine praxisorientierte Einführung in das Mietrecht und Strategien, wie man Konflikte mit Mietern vermeidet bzw. wie man in einer Konfliktsituation am besten reagiert. Die Empfehlungen sind aus dem rechtlichen Rahmen abgeleitet und haben ihren Härtetest in der Praxis bereits bestanden.

Darüber hinaus erfahren Sie etwas über Mieterhöhungen. Dieses Buch vermittelt in verständlicher Form das praxisrelevante Grundwissen über das Mietrecht und darauf aufbauend eine optimale Mieterhöhungsstrategie. Schließlich enthält dieser Ratgeber einen anwaltsgeprüften Mustermietvertrag für Wohnungen, den Sie als Datei erhalten, bearbeiten und selbst ausdrucken können. Darüber hinaus finden Sie zahlreiche Mustertexte (z.B. Übergabeprotokolle, Betriebskostenabrechnungen) und Musterschreiben (z.B. für Mieterhöhungen, Abmahnungen und Kündigungen), um das vermittelte Wissen konkret in die Praxis umzusetzen. Dieser Ratgeber setzt keine Vorkenntnisse voraus und ist auch für Anfänger geeignet.

Der Autor Goldwein ist Jurist und auf das Immobilienrecht spezialisiert. Darüber hinaus hat er Erfahrungen als kaufmännischer Projektleiter in der Immobilienbranche. Schließlich ist er selbst erfolgreicher Immobilieninvestor.

Die vorliegende 5. Auflage des bewährten Standardwerkes berücksichtigt insbesondere die zum 01.01.2019 in Kraft getretenen Rechtsänderungen zu Modernisierungsmieterhöhungen sowie die neuen Regelungen zur „Nachschärfung" der Mietpreisbremse.

INHALTSVERZEICHNIS

I. WARUM KENNTNISSE IM MIETRECHT HILFREICH SIND

Jeder weiß, dass Wohnimmobilien als Kapitalanlage interessant sind. Das gilt insbesondere in Deutschland, das einen sehr ausgewogenen Markt für Vermietungen ausweist. Denn mehr als die Hälfte der Deutschen wohnen zur Miete. Die Grafik auf der nächsten Seite weist diesen Umstand sehr eindrucksvoll aus.

An diesen Verhältnissen hat sich in den letzten Jahrzehnten kaum etwas geändert. Es gibt auch keine Anzeichen dafür, dass sich in absehbarer Zukunft daran etwas ändern wird. Das ist eine gute Nachricht für alle, die in vermietete Immobilien als Kapitalanlage investieren wollen oder bereits investiert haben. Denn damit sind stabile Rahmenbedingungen für eine nachhaltig lukrative Investition gegeben.

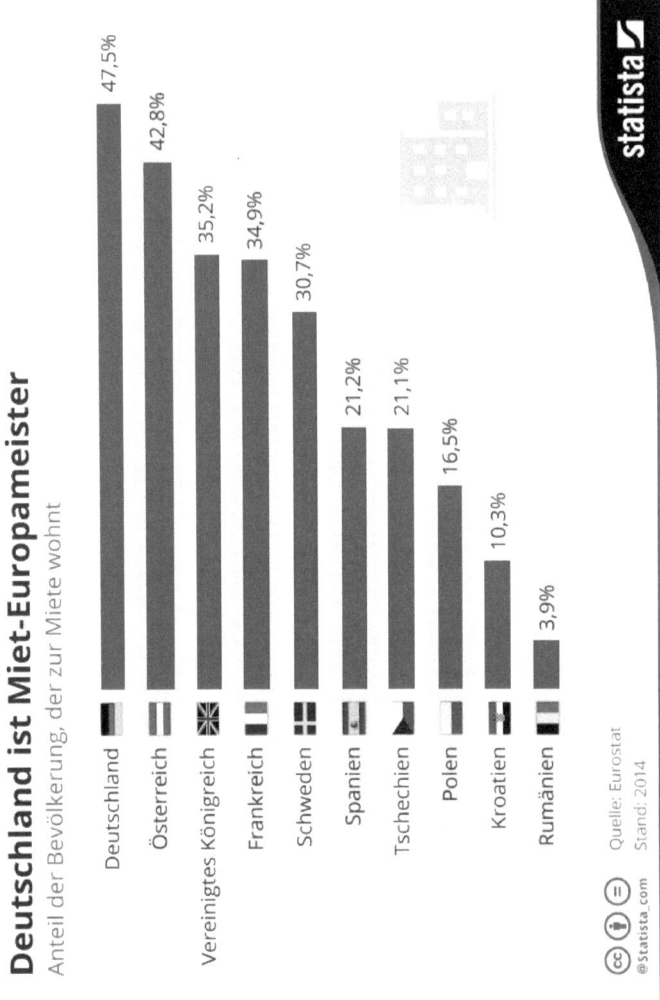

Deutschland ist Miet-Europameister
Anteil der Bevölkerung, der zur Miete wohnt

- Deutschland — 47,5%
- Österreich — 42,8%
- Vereinigtes Königreich — 35,2%
- Frankreich — 34,9%
- Schweden — 30,7%
- Spanien — 21,2%
- Tschechien — 21,1%
- Polen — 16,5%
- Kroatien — 10,3%
- Rumänien — 3,9%

Quelle: Eurostat
Stand: 2014

Quelle: Eurostat: „Deutschland ist Miet-Europameister"
von Andreas Grieß, zitiert nach de.statista.com, URL:
http://de.statista.com/infografik/4088/, Abruf am
28.11.2019, 17:00 Uhr

Wenden wir uns zunächst einer grundsätzlichen Frage zu: Warum überhaupt sollte sich ein Vermieter mit mietrechtlichen Fragen beschäftigen? Eine skeptische Antwort könnte z.B. lauten: "Dafür gibt es doch Rechtsanwälte und außerdem machen Paragraphen und Gesetze sowieso Kopfschmerzen!"

Ich möchte Sie davon überzeugen, dass es gute Gründe gibt, sich ein Grundverständnis des mietrechtlichen Rahmens anzueignen. Als Immobilieninvestor und Vermieter müssen Sie ständig Entscheidungen treffen. Von der Qualität der getroffenen Entscheidungen hängt der wirtschaftliche Erfolg ab. Die anstehenden Entscheidungen werden sowohl durch wirtschaftliche als auch durch rechtliche Rahmenbedingungen beeinflusst. Niemand würde etwa ernsthaft in Zweifel ziehen, dass Sie als Investor und Vermieter wissen müssen, welche Miete pro m^2 für eine konkrete Renditeimmobilie angemessen ist. Es ist aber nicht sinnvoll, auf halber Strecke stehen zu bleiben sich nicht auch zu den rechtlichen Aspekten einer Vermietung oder Mieterhöhung eine eigene Meinung zu bilden. Ein Investor und Vermieter, der rechtliche Aspekte ausblendet und sich blind in die Hände eines Rechtsanwaltes begibt, ist nicht autark handlungsfähig und kann immer nur die halbe Entscheidung treffen.

Nehmen wir ein Beispiel, um zu verdeutlichen, was ich meine: Sie sind bereits Vermieter eines Mietwohnhauses und möchten wissen, ob es Möglichkeiten gibt, die aktuelle Miete zu erhöhen. Wenn Sie kein Grundverständnis des Mietrechtes haben und nicht wissen, welche rechtlichen Möglichkeiten zur Durchsetzung einer Mieterhöhung es gibt, dann sind Sie gar nicht in der Lage, Ihre Immobilie optimal zu bewirtschaften, weil Sie sich gedanklich im Kreis drehen und keine fokussierten Überlegungen anstellen und vorantreiben können.

Ich weiß sehr genau, wovon ich spreche, weil ich sowohl Jurist als auch erfolgreicher Immobilieninvestor bin. Darüber hinaus habe ich Erfahrung als kaufmännischer Projektleiter in der Immobilienbranche. Es hat unschätzbare Vorteile, wenn man nicht nur mit einem Auge sehen kann, sondern mit beiden. Daher möchte ich Sie ermuntern, sich mit dem Wohnraummietrecht soweit vertraut zu machen, dass Sie sicher und ohne Denkblockaden Entscheidungen vorbereiten und treffen können. Auf diesem Weg möchte ich Sie mit diesem Ratgeber begleiten und unterstützen.

Das schließt nicht aus, dass Sie z.B. bei der Durchsetzung einer Mieterhöhung auf der Zielgeraden nicht trotzdem einen Rechtsanwalt einschalten, wenn Sie auf Widerstand stoßen. Entscheidend ist jedoch, dass Sie zunächst selbständig Überlegungen anstellen und damit eine Entscheidung treffen können.

Außerdem sind Grundkenntnisse des Mietrechtes die Basis für die Entwicklung und Umsetzung einer effizienten Mieterhöhungsstrategie. Genau darum geht es in diesem Ratgeber. Ich werde Ihnen auf der Grundlage des geltenden Wohnraummietrechtes eine Mieterhöhungsstrategie vorstellen, die vorhandene Spielräume optimal ausschöpft.

II. EINFÜHRUNG INS MIETRECHT & STRATEGIEN FÜR VERMIETER

Die mit den Mietern geschlossenen Mietverträge sind ein sehr wichtiger Punkt für die Renditestrategie. Denn nach dem Mietrecht in Deutschland genießen Mieter von Wohnraum grundsätzlich Kündigungsschutz. Das bedeutet, dass Sie als Investor die Mietverträge in der beim Erwerb geltenden Fassung sehr langfristig als nicht beeinflussbare Konstanten in Ihrer Gleichung haben werden. Das gleiche gilt für Mietverträge, die Sie selbst über frei gewordene Wohnungen abschließen.

Für einen Investor ist es daher sehr wichtig, die Grundzüge des Mietrechtes zu kennen, um sich ein Bild von einem bestehenden Mietvertrag machen zu können. Da es hierbei um fundamentale Weichenstellungen geht, die großen und langfristigen Einfluss auf die erzielbare Rendite haben, ist es unverzichtbar, hier mit Durchblick und Weitblick zu agieren. Die folgende Darstellung der Grundzüge des Wohnraummietrechtes soll Sie daher soweit informieren, dass Sie sich ein verlässliches Urteil bilden und Entscheidungen sicher treffen können.

1. GRUNDLAGEN DES WOHNRAUMMIETRECHTES

Die Grundlagen des Mietrechtes über Immobilien sind im Bürgerlichen Gesetzbuch (BGB) geregelt.[1]

Das Gesetz enthält zunächst allgemeine Regelungen, die für alle Mietverhältnisse gelten (§§ 535 bis 548 BGB).

Für Wohnraummietverhältnisse gelten zusätzlich zu diesen allgemeinen Vorschriften besondere Regelungen (§§ 549 bis 577a BGB). In diesem Abschnitt sind u.a. die praktisch wichtigen Regelungen zur Mieterhöhung enthalten, die ich Ihnen weiter unten detailliert vorstellen werde.[2]

Schließlich gelten noch allgemeine Regelungen über die Gestaltung von Formularverträgen, unter die auch Mietverträge gefasst werden (§§ 305 bis 310 BGB). Dabei handelt es sich um die berüchtigten AGB-Regelungen.[3] Viele Gerichtsurteile zum Mietrecht beziehen sich auf diese Paragraphen und drehen sich um die Frage, ob Pflichten des Vermieters in Musterverträgen wirksam auf den Mieter abgewälzt werden können. Dazu gehört

---

[1] Siehe §§ 535 - 580a BGB.

[2] Siehe §§ 557 - 561 BGB.

[3] AGB = Abkürzung für „Allgemeine Geschäftsbedingungen". Diese Regelungen waren früher in einem eigenen Gesetz enthalten (AGB-Gesetz) und sind mit Wirkung zum 01.01.2002 ohne nennenswerte inhaltliche Änderungen in das BGB überführt worden.

z.B. die Frage, in welchem Umfang Mietern Schönheitsreparaturen oder Schlussrenovierungen auferlegt werden können.[4] Es ist für Sie als Vermieter kaum möglich,
sich über alle Details dieser umfangreichen Rechtsprechung informiert zu halten. Die gute Nachricht ist, dass
Sie das auch nicht müssen. Wenn Sie für die Vermietung stets die aktuellen Mustermietverträge von anerkannten Institutionen (z.B. aus der Fachliteratur) verwenden, dann können Sie davon ausgehen, dass Fachleute diese Verträge laufend an die Änderung der Rechtsprechung anpassen. Viele Änderungen in der Rechtsprechung drehen sich um untergeordnete Punkte. Beispielhaft möchte ich die **Schönheitsreparaturen** er-
wähnen, die die Gerichte seit Jahrzehnten beschäftigen.
Da aufgrund einer Rechtsprechungsänderung in 2015
nur noch bei renoviert übergebenen Wohnungen die
Abwälzung von Schöndheitsreparaturen auf den Mieter
zulässig ist, stellt sich für einen Vermieter insgesamt die
Frage, ob es überhaupt sinnvoll ist, viel Zeit und Aufmerksamkeit auf das Thema Schönheitsreparaturen zu
verwenden.[5] Durch diese neue Rechtsprechung sind
viele Klauseln in bestehenden Vertägen über Nacht unwirksam geworden. Es gibt aber nicht nur rechtliche,

---

[4] Beispielhaft verweise ich auf meine Pressemitteilung zu
einer aktuellen Entscheidung des BGH vom 18.03.2015, die Sie
unter dem folgenden Kurzlink finden:
https://www.openpr.de/news/845131

[5] Ich verweise dazu BGH, Urteil vom 18.3.2015 – (VIII ZR
185/14) – abrufbar unter
https://www.bundesgerichtshof.de/

sondern auch auch praktische Erwägungen, die dafür sprechen, dass der Vermieter zumindest die Schlussrenovierung selbst in die Hand nimmt und nicht auf den Mieter abwälzt. Denn häufig werden solche Arbeiten mit grundlegenderen Sanierungen und Verbesserungen der Wohnung verbunden, die ohnehin nicht wirksam auf den Mieter abgewälzt werden können.

Für Sie ist es viel wichtiger, die großen und wirklich relevanten Weichenstellungen im Blick zu behalten. Dazu gehören insbesondere die verbleibenden Möglichkeiten zu Mieterhöhungen in laufenden Verträgen, auf die ich in diesem Ratgeber ausführlich eingehen werde.

Schwieriger wird es, wenn Sie eine vermietete Renditeimmobilie kaufen, die auf der Grundlage von „selbstgestrickten" Vertragstexten vermietet ist. Sie haben gegen die Mieter leider keinen Anspruch auf Anpassung des Vertragstextes an die neuesten und allgemein gebräuchlichen Vertragsmuster, sondern der Vertrag gilt dann so wie er abgeschlossen wurde unbefristet weiter. Daher müssen Sie vor dem Kauf einer Renditeimmobilie die bestehenden Mietverträge vollständig lesen. Dabei sollten Sie Ihr Augenmerk insbesondere auf den verbleibenden Spielraum für künftige Mieterhöhungen richten. Wie Sie dabei vorgehen müssen, werde ich Ihnen in den folgenden Abschnitten weiter aufschlüsseln.

2. MIETERHÖHUNGSSTRATEGIE

Derzeit kennt das Mietzinsniveau in Deutschland nur eine Richtung. Und die zeigt nach oben. Die auf der nachfolgenden Seite abgedruckte Grafik belegt das eindrucksvoll für einige ausgewählte Großstädte.

Für einen Vermieter ist es höchst ärgerlich, wenn er sieht, wie die Marktmieten nach oben schießen, aber selbst nicht durch Mieterhöhungen mitziehen kann. Das heisst nicht, dass man jährlich die Miete erhöhen kann und sollte. Aber es ist sicherlich keine gute Entscheidung, rasante Mietsteigerungen im Markt länger als 5 Jahre lang zu ignorieren. Damit beschädigen Sie als Vermieter nämlich die Ertragskraft Ihrer Immobilie. Denn steigende Mieten wirken sich natürlich auch auf die Inflation aus.

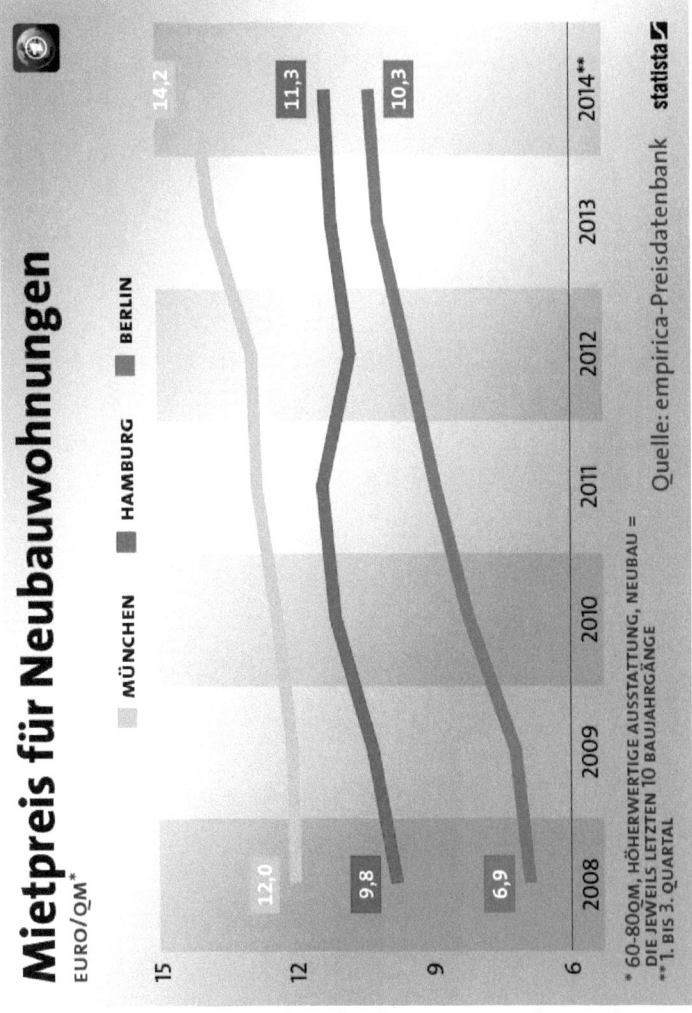

Quelle: empirica-Preisdatenbank: „Mietpreis für Neubau-
wohnungen" von Mathias Brandt, zitiert nach
de.statista.com, URL:
https://de.statista.com/infografik/2953, Abruf am
28.11.2019, 17:00 Uhr

Interessant ist auch, dass statistische Erhebungen ergeben haben, dass die Mehrheit der Mieter die gestiegenen Mieten nicht als übermäßige Belastung empfindet. Die nachfolgende Grafik auf der übernächsten Seite weist diesen Befund eindrucksvoll aus.

Das bedeutet, dass trotz bereits stark gestiegener Mieten noch keine „Schmerzgrenzen" bei der Mehrheit der Mieter erreicht sind, die weitere Mietsteigerungen unmöglich oder über Gebühr konfliktträchtig machen würden. Vielmehr weist die Statistik sogar aus, dass der Anteil der Mieter rückläufig ist, der die Miete als große Belastung empfindet.

Eine weitere Statistik belegt, dass sich Mieter offenbar mehr über hohe Energiekosten ärgern als über eine hohe Nettomiete. Diese weitere Statistik finden Sie auf der übernächsten Seite abgedruckt.

Solche Zahlen sind sehr interessant für die strategische Ausrichtung eines Vermieters. Man kann daraus die Schlussfolgerung ziehen, dass eine Mieterhöhung aufgrund einer Sanierung (mit entsprechender Einsparung von Energiekosten) bei Mietern sogar auf Gegenliebe stoßen kann.[6] Denn erwiesenermaßen ärgern sich Mieter mehr über hohe Energiekosten als über eine hohe Nettomiete.

---

[6] Ich verweise dazu auf meine Pressemitteilung mit dem Titel „Energetische Sanierung von Wohnungen contra Renditestrategie?". – abrufbar unter:
https://www.openpr.de/news/854896

Trotz steigender Mieten: Wohnkosten werden seltener als Belastung empfunden

Anteil der Haushalte in denen eine einzelne, erwachsene Person wohnt

	keine Belastung	eine gewisse Belastung	eine große Belastung
2008	16,4	59,8	23,8
2009	20,4	59,1	20,5
2010	23,3	58,6	18,2
2011	21,5	58,7	19,8
2012	22,1	58,8	19,1
2013	22,3	59,4	18,2
2014	24,3	58,5	17,2

Quelle: Statistisches Bundesamt

Frankfurter Allgemeine statista

Quelle: Statistisches Bundesamt: „Wohnkosten werden seltener als Belastung empfunden" von Andreas Grieß, zitiert nach de.statista.com, URL: http://de.statista.com/infografik/4233, Abruf am 28.11.2019, 17:00 Uhr

Beim Kauf der Renditeimmobilie ist es besonders wichtig, ungünstige Regelungen in bestehenden Mietverträgen zu erkennen, die künftige Mieterhöhungen verhindern oder erschweren können. Auch hierfür sind Grundkenntnisse des rechtlichen Rahmens unverzichtbar. Deshalb möchte ich Ihnen zunächst eine Einführung in die praxisrelevanten Mietrechtsregeln geben und darauf aufbauend eine optimale Mieterhöhungsstrategie vorstellen.

Rechtlich sieht es wie folgt aus: Wenn im Mietvertrag eine Erhöhung der Miete nicht ausdrücklich ausgeschlossen wird, dann ist diese nach den gesetzlichen Bestimmungen möglich.[7]

---

[7] Siehe § 557 Abs. 3 BGB. Ein ausdrücklicher Ausschluss künftiger Mieterhöhungen im Vertragstext ohne zeitliche Begrenzung kommt selten vor, hat aber gravierende Auswirkungen und muss daher unbedingt identifiziert werden.

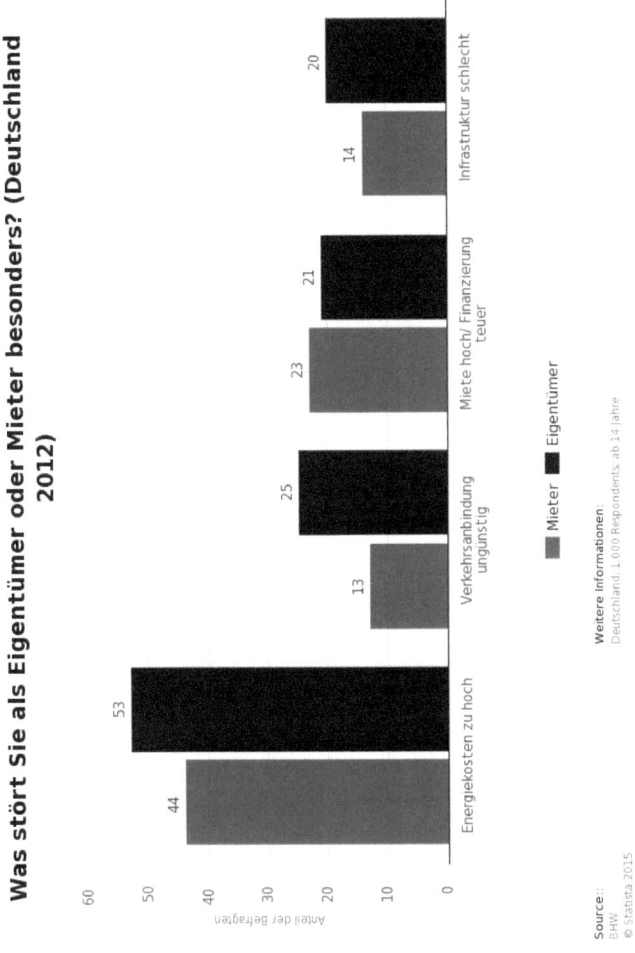

Was stört Sie als Eigentümer oder Mieter besonders? (Deutschland 2012)

Quelle: BHW: „Was stört Sie als Eigentümer oder Mieter besonders?", zitiert nach de.statista.com, URL: https://de.statista.com/statistik/daten/studie/2268 87, Abruf am 28.11.2019, 17:00 Uhr

Es gibt eine überschaubare Anzahl von gesetzlichen Regelungen zum Thema Mieterhöhung für Wohnraum im Bürgerlichen Gesetzbuch (BGB), die den rechtlichen Rahmen abstecken:

- Einvernehmliche Mieterhöhung durch vertragliche Vereinbarung gemäß § 557 BGB
- Mieterhöhung bis zur ortsüblichen Vergleichsmiete (§§ 558 – 558e BGB)
- Mieterhöhung wegen Modernisierungen (§§ 559 – 559b BGB)
- Staffelmietvereinbarung (§ 557a BGB)
- Indexmietvereinbarung (§ 557b BGB)
- Betriebskostenerhöhung (§ 560 BGB)

Die zum 01.04.2015 in Kraft getretene „Mietpreisbremse" hat mit diesen Themen nichts zu tun, weil sie nur den Fall der Neuvermietung regelt, für den sie die Miete auf maximal 10% über der ortsüblichen Vergleichsmiete deckelt.[8]

a) Einvernehmliche Mieterhöhung

Eine einvernehmliche Mieterhöhung in Form einer vertraglichen Vereinbarung mit dem Mieter ist rechtlich im Rahmen der allgemeinen Vertragsfreiheit immer

---

[8] Informationen zur „Mietpreisbremse" finden Sie weiter unten im Kapitel II. 3.

möglich.[9] Sie setzt jedoch voraus, dass Sie den Mieter überzeugen können, einer Mieterhöhung zuzustimmen. Eine einvernehmlich vereinbarte Mieterhöhung hat für Sie als Vermieter den großen Vorteil, dass die Gefahr von Konflikten mit dem Mieter insgesamt klein gehalten werden kann. Außerdem können Sie so rechtliche Unsicherheiten vermeiden, die mit der gerichtlichen Durchsetzung eines Mieterhöhungsverlangens verbunden sind.

Es hat sich bewährt, dem Mieter zunächst die Argumente für eine gesetzlich mögliche Mieterhöhung darzulegen und auf eine einvernehmliche Vereinbarung zu setzen. Damit ist auch keine Doppelarbeit verbunden, weil Sie diese Informationen und Daten ohnehin ermitteln müssen für ein Mieterhöhungsverlangen nach dem Gesetz. Außerdem sehen die gesetzlichen Mieterhöhungsmöglichkeiten als erste Stufe der Durchsetzung ohnehin ein Schreiben an den Mieter vor, mit dem die Mieterhöhung geltend gemacht und begründet wird. Daher lässt sich der Versuch einer einvernehmlichen Regelung mit dem Mieter gut in den „Fahrplan" für eine Mieterhöhung nach dem Gesetz integrieren. Die Einzel-

---

[9] Die Vertragsfreiheit findet ihre Grenze in der Sittenwidrigkeit gemäß § 138 BGB bei Überschreitung der angemessenen Miete um mindestens 100% und im Straftatbestand des Wuchers gemäß § 291 StGB. Darüber hinaus ist eine bußgeldbewehrte Ordnungswidrigkeit gemäß § 5 WiStG gegeben, wenn die übliche Miete um mehr als 20% überschritten wird.

heiten werde ich Ihnen in den folgenden Ausführungen weiter erläutern.

b) Mieterhöhung bis zur ortsüblichen Vergleichsmiete

§ 558 BGB räumt dem Vermieter einen Anspruch auf Zustimmung zur Mieterhöhung bis zur ortsüblichen Vergleichsmiete ein. Wenn der Mieter die Zustimmung verweigert, kann er verklagt werden und seine Zustimmung wird dann durch das Gerichtsurteil ersetzt.

Die Mieterhöhung nach dieser Regelung setzt voraus, dass der Vermieter dem Mieter schriftlich die Details der Mieterhöhung und eine Begründung mitteilt und diesen auffordert, seine Zustimmung zu erteilen.[10] Eine Mieterhöhung kann frühestens für den Beginn des dritten auf das Mieterhöhungsverlangen folgenden Monats wirksam werden. Stimmt der Mieter nicht zu, muss der Vermieter ihn auf Zustimmung verklagen. Dafür gilt eine Frist von drei Monaten.[11]

Was aber ist nun die „ortsübliche Vergleichsmiete" und wie findet man deren Höhe heraus? Am einfachsten ist der Rückgriff auf einen Mietspiegel für die Stadt oder Gemeinde, aus der die marktübliche Miete abgele-

---

[10] Einen Mustertext für ein Mieterhöhungsverlangen gemäß § 558 BGB finden Sie weiter unten in Kapitel IV. unter der Nr. 14 in diesem Buch.

[11] Siehe § 558b Abs. 2 BGB.

sen werden kann für vergleichbaren Wohnraum.[12] Ein Mietspiegel ist eine Übersicht über die üblichen Mieten in einer Gemeinde, die von Interessenverbänden der Vermieter und der Mieter gemeinsam erstellt oder anerkannt worden ist.[13] Es gibt einfache und qualifizierte Mietspiegel. Der qualifizierte Mietspiegel zeichnet sich zusätzlich dadurch aus, dass er nach wissenschaftlich anerkannten Methoden erstellt und im Abstand von zwei Jahren aktualisiert wird.[14] Ein qualifizierter Mietspiegel hat Anwendungsvorrang vor einem einfachen Mietspiegel.

Allerdings handelt es sich bei den Werten des Mietspiegels um Durchschnittswerte. Wenn die konkrete Immobilie von der durchschnittlichen Lage und Ausstattung abweicht, können durchaus Zu- oder Abschläge von den Mietspiegelwerten angezeigt sein. Das muss dann natürlich plausibel begründet werden.

Leider gibt es in diesem Zusammenhang eine schlechte Nachricht für Vermieter: Mietspiegel sind in Deutschland leider **nicht** flächendeckend verfügbar. Es stellt sogar eher die Ausnahme als die Regel dar, dass ein Mietspiegel verfügbar ist.

Wenn es keinen Mietspiegel gibt, dann ist der Maßstab der ortsüblichen Vergleichsmiete anhand von tatsächlichen Vermietungen von vergleichbaren Wohnun-

---

[12] Siehe § 558a Abs. 2 BGB.

[13] Siehe § 558c BGB.

[14] Siehe § 558d BGB.

gen zu ermitteln. Die Vergleichsmieten müssen konkret dargelegt werden. Eine abstrakte Behauptung ohne konkrete Bezeichnung der Vergleichswohnung reicht nicht aus für eine gerichtsfeste Durchsetzung einer Mieterhöhung.

Es ist nicht immer einfach für einen Vermieter, solche Vergleichsmieten gerichtsfest zu ermitteln. Es grenzt mitunter an Detektivarbeit, solche Daten konkret in Erfahrung zu bringen. Es kann hilfreich sein, Hausverwaltungen oder lokal tätige Maklerunternehmen zu kontaktieren. Natürlich können Sie auch andere Eigentümer von Wohnungen im gleichen Haus ansprechen.

Das Gesetz gibt **5 Kriterien für die Vergleichbarkeit** der Wohnungen vor: Art, Lage, Größe, Ausstattung und Beschaffenheit (inkl. energetischer Beschaffenheit). Die Heranziehung von Mieten vergleichbarer Wohnungen aus dem eigenen Bestand ist zwar möglich, darf aber nicht der einzige Vergleichsmaßstab sein.[15] Die Vergleichswohnungen müssen sich in derselben oder einer vergleichbaren Gemeinde befinden.

Eine aktuelle Entscheidung des Bundesgerichtshofes vom 18.11.2015 hat darüber hinaus festgelegt, dass beim Vergleich der Miete auf die tatsächliche Wohnflächengröße abzustellen ist und nicht auf eine davon abwei-

---

[15] BGH, Urteil vom 03.07.2013 (VIII ZR 354/12) - abrufbar auf https://www.bundesgerichtshof.de/

chende Flächenangabe im Mietvertrag.[16] Das gilt nach den Ausführungen des Gerichtes auch für Flächenabweichungen unterhalb von 10% von den Angaben des Mietvertrages. Vor diesem Hintergrund kann man nur empfehlen, vor der Neuvermietung ein Flächenaufmaß durch einen anerkannten Fachmann durchführen zu lassen.[17]

Das Gesetz sieht alternativ die Möglichkeit vor, sich zur Begründung einer Mieterhöhung bis zur ortsüblichen Vergleichsmiete auf ein Sachverständigengutachten zu stützen.[18]

Weitere Voraussetzung für eine Mieterhöhung nach § 558 BGB ist, dass die Miete vor dem Erhöhungsverlangen mindestens 15 Monate lang unverändert geblieben ist. Darüber hinaus darf die Miete nach dieser Rege-

---

[16] BGH Urteil vom 18.11.2015 (VIII ZR 266/14) - abrufbar auf https://www.bundesgerichtshof.de/

[17] Ich verweise dazu auf meine Pressemitteilung vom 20.11.2015 – abrufbar unter https://www.openpr.de/news/880558

[18] Ich verweise dazu auf § 558a Abs. 2 Nr. 3 BGB und auf BGH, Urteil vom 3.2.2016 (VIII ZR 69/15).

lung in einem Zeitfenster von 3 Jahren um maximal 20% angehoben werden (so genannte Kappungsgrenze).[19]

Wie Sie sehen, ist eine Mieterhöhung gemäß § 558 BGB bis zur ortsüblichen Vergleichsmiete ein kompliziertes Unterfangen. Das spricht dafür, nicht nur auf die juristische Karte zu setzen, sondern zuvor Gespräche mit dem Mieter zu führen und Überzeugungsarbeit zu leisten. Wie oben ausgeführt, ist eine Mieterhöhung durch vertragliche Vereinbarung im Einvernehmen mit dem Mieter immer möglich. Es hat sich als nützlich erwiesen, zunächst Argumente und Belege für relevante Vergleichsmieten zu sammeln und den Mieter damit zu konfrontieren, um diesen zu überzeugen. Es kann auch geschickt sein, die Mieterhöhung mit einer kleinen Renovierungsmaßnahme zu verbinden, die zwar keine hinreichende Grundlage für eine Mieterhöhung wegen Modernisierung darstellt, aber zumindest für gute Stimmung beim Mieter sorgt. Das könnte z.B. die Streichung des Treppenhauses sein, die Sie ohnehin geplant hatten.

Darüber hinaus können Sie einem Mieter die Mieterhöhung schmackhaft machen, wenn Sie ihm im Ge-

---

[19] Bei der Berechnung dieser Kappungsgrenze sind Mieterhöhungen wegen Modernisierungen gemäß § 559 BGB nicht zu berücksichtigen. Aber beachten Sie, dass nach dem Gesetz die Möglichkeit besteht, dass ein Bundesland diese Kappungsgrenze in einem angespannten Markt auf 15% absenkt (siehe § 558 Abs. 3 BGB). Berlin hat z.B. Gebrauch gemacht von dieser Möglichkeit.

genzug einen zeitlich befristeten Verzicht für z.B. 3 Jahre für weitere Mieterhöhungen anbieten.[20] Das kostet Sie nichts, wenn Sie ohnehin nicht beabsichtigen, in diesem Zeitraum eine weitere Mieterhöhung zu verlangen und gibt dem Mieter das gute Gefühl, 3 Jahre Ruhe zu bekommen und einen fairen Deal gemacht zu haben.

Abschließend verweise in diesem Zusammenhang auf meine Empfehlung, eine Hausverwaltung zu engagieren, die ich in meinem Buch „Geld verdienen mit Wohnimmobilien" gegeben habe.[21] Eine zwischengeschaltete Hausverwaltung kann Sie als Vermieter auch bei Mieterhöhungsverlangen vor einem persönlichen Konflikt mit den Mietern schützen. Es ist daher ein geschickter Schachzug, den Mieter nicht selbst mit dem Mieterhöhungsverlangen zu kontaktieren, sondern durch eine Hausverwaltung als Stellvertreter anschreiben zu lassen. Das bedeutet natürlich nicht, dass Sie darauf verzichten, selbst die Weichen zu stellen und am Ruder zu bleiben. Sie sollten den gesamten Vorgang schon selbst steuern und insbesondere die Gestaltung des Inhaltes des Mieterhöhungsschreibens nicht aus der Hand geben. Denn die Wortwahl und der Tenor eines Schreibens können sehr entscheidend für den Erfolg sein. Es hat darüber hinaus psychologische Vorteile,

---

[20] Das ist in § 557 Abs. 3 BGB geregelt.

[21] „Geld verdienen mit Wohnimmobilien – Erfolg als privater Immobilieninvestor" (siehe dort S. 97). Das Buch finden Sie bei Amazon auf der folgenden Seite:
https://amzn.to/22FkyNs

wenn das Mieterhöhungsverlangen von einem möglichst professionell aufgestellten Verwalter als Stellvertreter des Vermieters verschickt wird und nicht vom Vermieter selbst. Erfahrungswerte bestätigen, dass Mieterhöhungsverlangen eines großen und professionellen Hausverwalters von Mietern seltener angezweifelt und bekämpft werden als solche, die der Vermieter selbst verschickt.

c) Mieterhöhung wegen Modernisierung

Darüber hinaus gibt es gemäß § 559 BGB die Möglichkeit einer Mieterhöhung wegen Modernisierung. Dabei handelt es sich um Maßnahmen, die den Wohnwert dauerhaft verbessern oder zu nachhaltigen Einsparungen von Energie oder Wasser führen. Demnach würde z.B. der Anbau eines Balkons oder der Einbau von energiesparenden Fenstern oder der Austausch von Nachtspeicheröfen durch eine moderne Gasetagenheizung zu einer Mieterhöhung berechtigen.

Die Kosten der Modernisierung können dabei gemäß § 559 BGB teilweise auf den Mieter abgewälzt werden in Form einer Mieterhöhung von 8% des Modernisierungsaufwandes pro Jahr. Bis zum 31.12.2018 betrug der Prozentsatz noch 11%. Mit Wirkung zum 01.01.2019 wurde er auf 8% gekürzt. Entscheidender Stichtag ist dabei die Ankündigung der Modernsisierungsmaßnahme gegenüber dem Mieter.

Dabei ist zu berücksichtigen, dass bei Erneuerung von ohnehin reparaturbedürftigen Bestandteilen der

Wohnung nur die Aufwendungen für den Mehrwert der Modernisierung angesetzt werden dürfen. Die Kosten einer Instandsetzung ohne Erhöhung des Wohnwertes sind dabei in Abzug zu bringen und können nicht Grundlage einer Mieterhöhung sein. Einer umfassenden Vergleichsrechnung zu den hypothetischen Kosten einer bloßen Instandsetzung bedarf es dazu jedoch nicht. Es ist ausreichend, den ersparten Instandsetzungsaufwand durch Angabe einer Quote von den aufgewendeten Gesamtkosten nachvollziehbar darzulegen.[22]

Interessanterweise ist die Mieterhöhung wegen einer Modernisierung zeitlich **nicht** befristet bis zur Vollamortisierung der Modernisierungsmaßnahmen. Sie gilt vielmehr unbefristet und dauerhaft. Damit handelt es sich bei Lichte betrachtet nicht nur um eine Umlegung der Modernisierungskosten auf den Mieter, sondern um eine langfristig wirksame Mieterhöhung. Das ist in der Sache zwar nicht ganz logisch, lässt sich aber damit erklären, dass es sich um eine von der Politik gewollte „Streicheleinheit" für Vermieter handelt.[23]

Ein Vorteil der Mieterhöhung wegen Modernisierung besteht darin, dass eine Einwilligung des Mieters **nicht** erforderlich ist. Für die Durchsetzung der Mieterhöhung ist aber eine schriftliche Mitteilung an den Mie-

---

[22] BGH, Urteil vom 17.12.2014 – VIII ZR 88/13 - abrufbar auf https://www.bundesgerichtshof.de/

[23] Ich verweise dazu auf einen Artikel in der Frankfurter Allgemeine Zeitung vom 26.06.2015 mit dem Titel „Ein Koalitionsvorhaben wird still beerdigt".

ter zu machen, die bestimmte Anforderungen erfüllen muss. Die Mitteilung muss eine detaillierte Auflistung der kalkulierten Kosten der Modernisierungsmaßnahmen enthalten und die sich daraus ergebende Mieterhöhung betragsmäßig ausweisen.[24] Darüber hinaus ist eine Angabe erforderlich, welche Auswirkungen die Modersnisierung voraussichtlich auf die Betriebskosten haben wird.[25]

Mit Wirkung zum 01.01.2019 ist eine Deckelung der Modernisierungsmieterhöhung auf € 3 pro m² Wohnfläche innerhalb von 6 Jahren in das Gesetz aufgenommen worden. Wenn die Miete vor der Erhöhung weniger als € 7 pro m² Wohnfläche beträgt, ist die Modernisierungsmieterhöhung nach neuem Recht auf € 2 pro m² innerhalb von 6 Jahren gedeckelt.[26]

Der Mieter ist zur Duldung der Modernisierungsarbeiten verpflichtet, wenn ihm diese mindestens 3 Monate zuvor angekündigt worden sind. Einen zeitweisen Auszug des Mieters bei sehr umfangreichen Arbeiten kann der Vermieter hingegen nicht verlangen.[27] In diesem Zusammenhang ist es wichtig, den Mieter bereits mit der Ankündigung von Modernisierungsmaßnahmen

---

[24] Einen Mustertext für ein Mieterhöhungsverlangen gemäß § 559 BGB finden Sie weiter unten in Kapitel IV. unter der Nr. 16 in diesem Buch.

[25] Das ist in § 555c Abs. 1 Nr. 3 BGB geregelt.

[26] Ich verweise dazu auf § 559 Abs. 3a BGB.

[27] Ich verweise dazu auf LG Berlin, Urteil vom 17.2.2016 (65 S 301/15).

vollständig ins Bild zu setzen über die veranschlagten Kosten der Modernisierung und die Absicht, auf die Durchführung der Maßnahme eine Mieterhöhung gemäß § 559 BGB zu stützen. Übersteigen die tatsächlichen Kosten später die dem Mieter angekündigten Kosten um mehr als 10%, so straft das Gesetz diese Fehleinschätzung des Vermieters mit einer Verschiebung der Mieterhöhungsmöglichkeit um 6 Monate ab.[28] Es ist daher wichtig, die Modernisierungskosten in der Ankündigung gegenüber dem Mieter möglichst exakt und zutreffend zu anzugeben. Wenn Sie mit dem Bauunternehmen bzw. den Handwerkern einen Festpreis für die Arbeiten vereinbaren, dann sind Sie problemlos in der Lage, diese Kosten im Vorfeld im Ankündigungsschreiben an den Mieter exakt anzugeben.[29]

Mit Wirkung zum 01.01.2019 sind einige Änderungen bei Modernisierungsmieterhöhungen in Kraft getreten, die nach dem erklärten Willen der politischen Akteuere das sogenannte „Herausmodernisieren" von Mie-

---

[28] Ich verweise dazu auf § 559b Abs. 2 BGB und auf BGH, Hinweisbeschluss vom 6.10.2015 (VIII ZR 76/15) – abrufbar unter https://www.bundesgerichtshof.de/

[29] Ich verweise dazu auf die Ausführungen in meinem Buch „Geld verdienen mit Wohnimmobilien – Erfolg als privater Immobilieninvestor" (siehe dort S. 142 ff.). Darin erkläre ich ausführlich, was bei Abschluss von Verträgen mit Handwerkern und Bauunternehmen zu beachten ist und welche Preisgestaltungsmöglichkeiten es dabei gibt. Das Buch finden Sie bei Amazon auf der folgenden Seite: https://amzn.to/22FkyNs

tern verhindern sollen. Mit dem Begriff ist die vorsätzlich schikanöse Durchführung von Modernisierungsarbeiten gemeint, die einen Mieter zum Auszug aus der Wohnung nötigen soll, um diese dann teurer neu vermieten zu können. Dazu gehört etwa die unnötige Verlängerung von belastenden Modernisierungsarbeiten durch wiederholte Unterbrechungen mit unbestimmter Dauer. Ob es solches Verhalten von Vermietern tatsächlich in nennenswertem Ausmaß gegeben hat, ist unklar. Der Gesetzgeber hat sich jedoch veranlasst gesehen, dafür Regelungen in das Gesetz einzufügen. In § 559d BGB sind nun Vermutungen eines pflichtidrigen Verhaltens des Vermieters eingefügt worden, die den Mieter zum Schadensersatz berechtigen:

Ein Vermieter handelt demnach pflichtwidrig, wenn

- mit baulichen Veränderung nicht innerhalb von 12 Monaten nach dem angekündigten Starttermin tatsächlich begonnen wird oder
- in der Modernisierungsankündigung ein Betrag einer zu erwartenden Mieterhöhung angegeben wird, der die bisherige Miete mindestens verdoppeln würde oder
- die baulichen Veränderungen in einer Weise durchgeführt werden, die geeignet ist, zu erheblichen, objektiv nicht notwendigen Belastungen des Mieters zu führen oder
- die Arbeiten nach Beginn der baulichen Veränderung mehr als 12 Monate ruhen.

Im Zuge der Anpassung der Modernisierungsmieterhöhungsvorschriften wurde schließlich mit Wirkung zum 01.01.2019 ein sogenanntes „**vereinfachtes Verfahren**" für kleinere Modernisierungsmaßnamen im Umfang von bis zu € 10.000 eingeführt.[30] Im vereinfachten Verfahren müssen in der Ankündigung keine Angaben zu den voraussichtlichen Auswirkungen der Modernisierungsmaßnahmen auf die Betriebskosten gemacht werden und der Anteil der Instandhaltungskosten an den Gesamtkosten kann ohne Begründung pauschal mit 30% angesetzt werden. Weiterer Vorteil des vereinfachten Verfahrens ist, dass staatliche Zuschüsse und zinssubventionierte Förderdarlehen nicht herausgerechnet werden müssen bei der Ermittlung der umlagefähigen Modernisierungskosten, die zur Mieterhöhung berechtigen.

Obwohl die formalen Anforderungen an Modernisierungsmieterhöhungen beträchtlich sind, sprechen gute Gründe dafür, als Vermieter davon Gebrauch zu machen. Wie oben ausgeführt, handelt es sich tatsächlich nicht nur um eine Umlegung von Modernisierungskosten auf den Mieter, sondern um eine unbefristet wirksame Mieterhöhung, die völlig abgekoppelt ist von einem Amortisierungsgedanken. Ein weiterer Vorteil der Modernisierungsmieterhöhung ist, dass sie eine Mieterhöhung bis zur ortüblichen Vergleichsmiete gemäß § 558 BGB **nicht** sperrt. Diese bleibt zusätzlich möglich, weil die Beträge der Modernisierungsmieterhöhung

---

[30] Das „vereinfachte Verfahren" ist in § 559c BGB geregelt.

nicht angerechnet werden auf die mögliche Mieterhöhung bis zur ortsüblichen Vergleichsmiete gemäß § 558 BGB.

Da der Mieter für die Mieterhöhung einen Gegenwert in Form eines erhöhten Wohnwertes bzw. in Form von Energieeinsparungen erhält, ist er unter Umständen sogar dankbar für die Initiative des Vermieters und eher bereit, die erhöhte Miete anstandslos zu akzeptieren. Zwar ist eine Zustimmung des Mieters - anders als bei einer Erhöhung gemäß § 558 BGB - **nicht** erforderlich. Für den Vermieter ist es aber gleichwohl anstrebenswert, die Maßnahmen gegenüber dem Mieter im richtigen Licht zu präsentieren, um das Verhältnis zu dem Mieter nicht unnötig mit Spannungen zu belasten. Denn eine langfristige Zufriedenheit des Mieters ist auch ein wichtiger Erfolgsfaktor für eine Kapitalanlage in Wohnimmobilien.

Abschließend möchte ich Ihnen noch den Tipp geben, für die Durchführung von energetischen Modernisierungen zinsgünstige Darlehen der KfW aus dem Förderprogramm Nr. 151 in Anspruch zu nehmen, das derzeit einen sagenhaft günstigen Zinssatz von 0,75% bietet.[31]

---

[31] Ich verweise dazu auf die folgende Internetseite:
https://www.kfw.de/inlandsfoerderung/Privatpersonen/Bestandsimmobilien/Finanzierungsangebote/Energieeffizient-Sanieren-Kredit-(151-152)/

d) Staffelmietvereinbarung

Alternativ sieht das Gesetz in § 557a und § 557b BGB die Möglichkeit vor, im Mietvertrag selbst bereits Erhöhungen der Miete für die Zukunft zu vereinbaren. Damit sind Staffelmieten und Indexmieten gemeint.

Wenn der Mietvertrag eine Staffelmiete enthält, dann ist eine Erhöhung nur gemäß der Staffelung möglich und nach keiner anderen Regelung. Es ist zwingend erforderlich, dass die Mieterhöhungen für die einzelnen Staffeln im Mietvertrag nicht nur prozentual festgelegt sind, sondern auch in konkreten € - Beträgen ausgewiesen werden. Die Staffeln dürfen nicht kürzer als ein Jahr sein.

Wenn auch nur eine gestaffelte Mieterhöhung nach weniger als einem Jahr vorgesehen ist (sei es auch nur für den ersten Staffelzeitraum), dann hat das die Konsequenz, dass alle Mieterhöhungen für alle Staffelungen unwirksam sind.[32] Wie Sie sehen, gibt es im Wohnraummietrecht böse Stolperfallen für Vermieter. Während der Laufzeit einer Staffelmietvereinbarung sind andere Mieterhöhungen (z.B. wegen Modernisierung gemäß § 559 BGB oder zur Anpassung an die ortübliche Vergleichsmiete gemäß § 558 BGB) ausgeschlossen.

---

[32] Landgericht Nürnberg-Fürth, Urteil vom 27.06.1997, abgedruckt in Zeitschrift für Mietrecht 1997, S. 648 ff.

e) Indexmietvereinbarung

Enthält der Mietvertrag eine Indexmiete, dann ist eine Mieterhöhung nur auf der Grundlage des Preissteigerungsindexes für die Lebenshaltung aller privaten Haushalte in Deutschland möglich. Dieser wird jährlich vom Statistischen Bundesamt aktualisiert und veröffentlicht. Eine Anknüpfung an andere Indizes ist nach geltendem Recht unzulässig. Indexmieten haben den Vorteil, dass sie ohne zeitliche Begrenzung für die Zukunft eine stetige Erhöhung der Miete ermöglichen.[33] Darüber hinaus werden sie von Mietern bei Vertragsschluss als nicht so nachteilig empfunden wie Staffelmietverträge, in denen zwingend schon zu Beginn die Erhöhungsbeträge für sämtliche Staffeln in € angegeben und in den Vertrag hineingeschrieben werden müssen.

Bei einer Indexmietvereinbarung muss der Erhöhungsbetrag in € erst konkret angegeben werden in der Mitteilung des Vermieters über eine Anpassung an den Index. Eine solche Anpassungsmitteilung des Vermieters ist erforderlich, um die Mieterhöhung tatsächlich zu vollziehen.[34] Die Miete steigt nicht vollautomatisch in

---

[33] Der derzeit nicht auszuschließende Fall, dass wir nicht nur kurzfristig eine Deflation bekommen, ist bei diesen Überlegungen nicht berücksichtigt. Es wäre ein abendfüllendes Thema, die Thematik weiter aufzubohren. Das würde jedoch den Rahmen dieser Darstellung sprengen.

[34] Einen Mustertext für ein Mieterhöhungsverlangen bei der Indexmiete finden Sie weiter unten in Kapitel IV. unter der Nr. 15 in diesem Buch.

Höhe des Anstieges des Preisindexes. Das ist ein wesentlicher Unterschied der Indexmiete zur Staffelmiete.

Die Vereinbarung einer Indexmiete hat aber auch Nachteile: Sie schließt andere Mieterhöhungen (z.B. gemäß § 558 oder nach § 559 BGB) langfristig weitgehend aus. Das ist ein durchaus gewichtiger Nachteil. Darüber hinaus ist eine Indexmiete dann nachteilig, wenn die ortsüblichen Vergleichsmieten deutlich stärker steigen als der Preissteigerungsindex des Statistischen Bundesamtes. Das war insbesondere in Metropolen und Großstädten in den letzten Jahren der Fall. Sie müssen als Vermieter daher gut abwägen, ob Sie eine Indexmiete vereinbaren wollen.

f) Nebenkostenvorauszahlung

Die Erhöhung der Nebenkostenvorauszahlungen des Mieters gemäß § 560 BGB ist eigentlich kein großes Thema. Denn bei diesen Kosten handelt es insgesamt nur um durchgereichte Kosten, die keine Bedeutung für die Mietrendite haben.

Allenfalls spielt hierbei das Insolvenzrisiko des Mieters eine Rolle. Insofern ist es nicht falsch, die pauschalen Vorauszahlungen des Mieters zu erhöhen, wenn Abrechnungen in der Vergangenheit Nachzahlungsverpflichtungen des Mieters ergeben haben.

Als kluger Vermieter arbeiten Sie natürlich nicht mit Betriebskostenpauschalen, sondern Sie legen die tatsächlich entstandenen Betriebskosten (die natürlich jedes Jahr anders sind) nach einem im Mietvertrag festgelegten Verteilungsschlüssel auf die Mieter um. Wenn nun die Betriebskosten steigen (z.B. wegen erhöhter Grundsteuern oder erhöhter Abwassergebühren), dann ergibt sich daraus eine Nachzahlungspflicht des Mieters nach Verrechnung mit den Nebenkostenvorauszahlungen.

Für die Zukunft können Sie darauf reagieren mit einer Erhöhung der Nebenkostenvorauszahlungen, die der Mieter monatlich mit der Miete zu zahlen hat.[35] Dazu sind Sie gemäß § 560 Abs. 4 BGB berechtigt.

---

[35] Einen Mustertext für die Erhöhung der monatlichen Betriebskostenvorauszahlungen finden Sie weiter unten in Kapitel IV. unter der Nr. 17 in diesem Buch.

3. Ist die „Mietpreisbremse" ein Problem?

Die sogenannte Mietpreisbremse ist zum 01.04.2015 in Kraft getreten und mit Wirkung zum 01.01.2019 „nachgeschärft" worden. Vor diesem Hintergrund möchte ich Sie darüber informieren, was die Regelung beinhaltet und welche Relevanz dieses Thema für einen Vermieter hat.

Die Mietpreisbremse sieht eine Deckelung von Mieterhöhungen **bei Neuvermietung** von Wohnraum vor und soll nach dem erklärten Willen der politischen Akteure verhindern, dass die Mieten in hochpreisigen Ballungszentren in den Himmel steigen.

Eine Wohnung darf nach Inkrafttreten der Regelung fortan nur noch höchstens 10% teurer neu vermietet werden als eine vergleichbare Wohnung derselben Größe und Lage, wenn die Wohnung in einem sogenannten „angespannten Wohnungsmarkt" liegt.[36] Vergleichsmaßstab sollen die ortsüblichen Mieten sein. Eine genaue Festlegung der relevanten Vergleichsmieten enthält das Gesetz jedoch nicht. Es regelt nur lapidar, dass die „ortübliche Vergleichsmiete" gemäß § 558 Abs. 2 BGB relevant sei.[37] Wie diese zu ermitteln ist, bleibt offen. Das ist in der praktischen Handhabung problematisch, weil es nur vereinzelt und nicht flächendeckend

---

[36] Das ist in § 556d Abs. 1 BGB geregelt.

[37] Das ist in § 556d Abs. 1 BGB geregelt.

Mietpreisspiegel mit anerkannten Zahlen gibt. Das hat in der Praxis zu weitgehender Wirkungslosigkeit der Mietpreisbremse geführt, weil dem Mieter in der Regel der Nachweis nicht gelingt, dass die Schwelle von 10% über der ortsüblichen Vergleichsmiete überschritten ist.[38] Das bedeutet für einen Vermieter, dass die Risiken überschaubar sind, wenn er bei der Neuvermietung nicht arg nach oben übertreibt.

Die „Mietpreisbremse" ist nicht flächendeckend in ganz Deutschland in Kraft getreten, sondern nur in solchen Regionen, die von den Bundesländern in einer Rechtsverordnung als „angespannte Wohnungsmärkte" ausgewiesen werden.[39] Diverse Bundesländer haben bereits Gebrauch von dieser Möglichkeit gemacht. Eine

---

[38] Wie vorherzusehen war, gibt es bereits eine flickenteppichartige und widersprüchliche Rechtsprechung zur Ermittlung der ortsüblichen Vergleichsmiete. Die Gerichte sind sich nicht einmal einig, ob Mietspiegel relevant sind, wenn die Erhebungsmethoden derselben zwischen den Prozessparteien umstritten sind. Ich verweise dazu auf Landgericht Berlin, Urteil vom 16.7.2015 (67 S 120/15) und Landgericht Berlin, Urteil vom 17.7.2015 (63 S 220/11). Erschwerend kommt hinzu, dass der Richter nach der Auffasung des BGH im Einzelfall einen „Stichtagszuschlag" auf die ortsübliche Vergleichsmiete eines Mietspiegels vornehmen darf, wenn die Miete seit Veröffentlichung des Mietspiegels ungewöhnlich stark gestiegen ist. Ich verweise dazu auf BGH, Urteil vom 15.3.2017 (VIII ZR 295/15). Damit ist letztendlich keine Gerichtsentscheidung mehr verlässlich prognostizierbar und alles liegt im Einzelfall im Ermessen des Richters.

[39] Das ist in § 556d Abs. 2 BGB geregelt.

Verpflichtung zur Ausweisung solcher Gebiete besteht nicht. Allerdings sieht § 556d Abs. 2 BGB eine Verpflichtung zur Begründung der Ausweisung eines Gebietes als „angespannen Wohnungsmarkt" vor. Tatsächlich haben sich auf dieser Baustelle bereits mehrere Bundesländer verstolpert, weil es ihnen nicht gelungen ist, eine gerichtsfeste Begründung zu liefern oder weil sie schlicht und einfach versäumt haben, die Begründung zu publizieren. Im Ergebnis wurden daher bereits 6 Verordnungen von Bundesländern von Gerichten für unwirksam erklärt.[40]

Das Gesetz enthält 2 Ausnahmen von der Mietpreisbremse: Wohnungen, die nach dem 01.10.2014 neu gebaut oder umfassend saniert und danach erstmals neu vermietet werden, sind von der Mietpreisbremse ausgenommen. Eine umfassende Sanierung in diesem Sinne liegt aber nur dann vor, der Vermieter für die Umbauarbeiten mindestens ein Drittel der Kosten investiert, die ihn ein kompletter Neubau gekostet hätte.

Tatsächlich hat sich gezeigt, dass die Mietpreisbremse für den Markt keine messbaren Auswirkungen

---

[40] Das betrifft die folgenden Bundesländer: Baden-Württemberg, Bayern, Brandenburg, Hamburg, Hessen und Nordrhein-Westfalen.

nach sich gezogen hat.[41] Ich verweise insoweit auf die nachfolgende Grafik, die das eindrucksvoll belegt.

---

[41] Weitere Details finden Sie unter dem nachfolgenden Link: https://www.spiegel.de/wirtschaft/soziales/mietpreisb remse-zeigt-kaum-wirkung-und-soll-verlaengert-werden-a-1249733.html

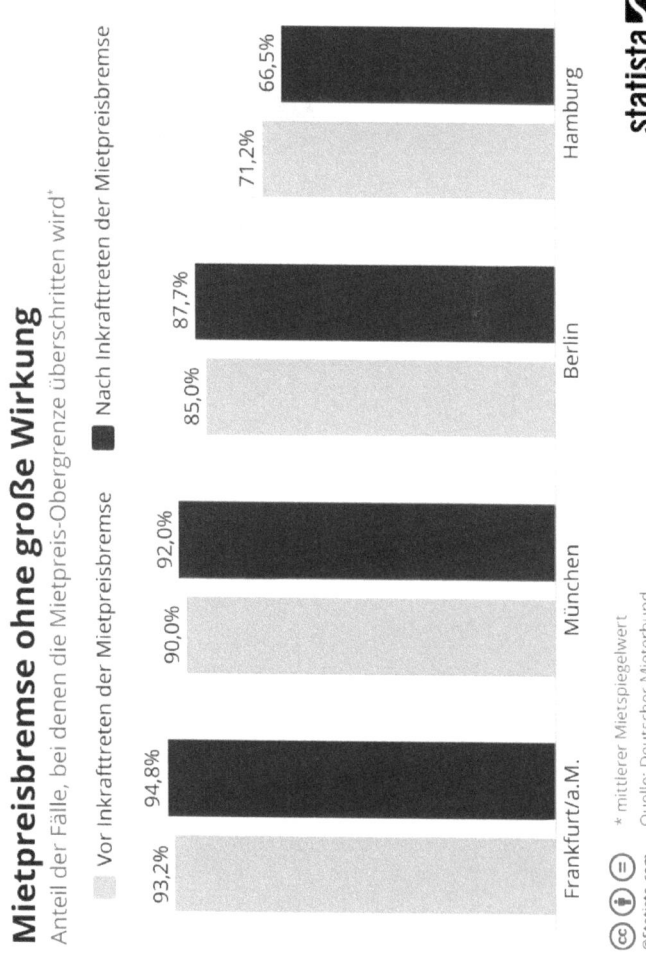

Quelle: Deutscher Mieterbund: „Mietpreisbremse ohne große Wirkung" von Mathias Brandt, zitiert nach de.statista.com, URL: https://de.statista.com/infografik/5796, Abruf am 28.11.2019, 17:00 Uhr

Die Mietpreisbremse hat viel Verwirrung und Verunsicherung gestiftet, weil der Gesetzgeber versäumt hat, klare Rahmenbedingungen für die Ermittlung der „ortsüblichen Vergleichsmieten" zu schaffen und die Klärung der entscheidenden Fragen bei den Gerichten abgeladen hat. Fachleute hatten das bereits im Vorfeld moniert, haben aber mit ihren Argumenten bei den Politikern kein Gehör gefunden. Das ist ein typisches Beispiel für die Beratungsresistenz von Politikern gegen die Einwände von Fachleuten und Praktikern und leider auch ein klassisches Beispiel für die schlechte Qualität der Gesetzgebung in heutiger Zeit. Das hängt auch damit zusammen, dass Politiker allzuoft nur auf ein kurzfristiges Echo in den Medien fokussiert sind und versäumen, die in der Regel unnötig komplizierten und praxisfeindlichen Neuregelungen zu Ende zu denken. Das gilt insbesondere für die zum 01.01.2019 in Kraft getretene „Nachschärfung" der Mietpreisbremse. Die kleinteilige und komplizierte Regelung dürfte - genau wie der erste Wurf des Gesetzgebers - das Ziel verfehlen. Das liegt insbesondere daran, dass die komplizierten Regelungen einen normalen Durchschnittsmieter völlig überfordern. Denn auch nach der zum 01.01.2019 in Kraft getretenen neuen Regelung bleibt es die Obliegenheit des Mieters, einen Verstoß gegen die Regelungen der Mietpreisbremse zu rügen, belastbar zu begründen und erforderlichenfalls vor Gericht zu bringen. An diesen Hürden scheitern die allermeisten Mieter. Selbst wenn sich die Rüge eines Mieters als berechtigt erweist, so verbleiben dem

Vermieter für die Zeiträume bis zur Rüge die überhöhten Mieten.[42]

Hinzu kommt, dass Mieter eine Kündigung des Mietvertrages wegen Zahlungsverzuges riskieren, wenn sich ihre Behauptung und Begründung als haltlos erweist, dass die Miethöhengrenze von 110% der ortsüblichen Vergleichsmiete bei der Neuvermietung überschritten worden ist. Insgesamt dürfte daher die Klagefreudigkeit der Mieter auch auf der Grundlage der neuen Rechtslage nicht ansteigen. Denn Mieter scheuen in aller Regel das Risiko einer rechtlichen Auseinandersetzung über die Miethöhe. Das gilt für angespannte Wohnungsmärkte umso mehr, weil Mieter in aller Regel Angst davor haben, dass sie die mühsam ergatterte Wohnung wieder verlieren. Einmal mehr zeigt sich, dass der Gesetzgeber an der Praxis vorbeireguliert und die Themen nicht zu Ende gedacht hat. Diese Fehlleistung des Gesetzgebers kann man für Vermieter allerdings auch positiv sehen, weil sich dadurch die Risiken eines Rechtsstreites mit dem Mieter über die Miethöhe auch nach der „Nachschärfung" der Mietpreisbremse in Grenzen halten dürften.

Gleichwohl muss man sich als Vermieter nach der neuen Rechtslage leider mehr Gedanken machen als zuvor. Denn es wurde für bestimmte Fälle eine vorvertragliche Auskunftpflicht des Vermieters eingeführt. Diese bezieht sich auf die Miethöhe im Vertrag mit dem

---

[42] Das ist in § 556g Abs. 2 BGB geregelt.

Vormieter sowie auf durchgeführte Modernisierungsmaßnahmen in den letzten 3 Jahren vor Beginn des
neuen Mietverhältnisses.[43] Diese Regelungen betreffen
Fallkonstellationen, in denen der Vermieter die Grenze
von 110% der ortsüblichen Vergleichsmiete zulässiger-
weise überschreiten darf. Es handelt sich dabei um die
folgenden Fälle:

-   Die Höhe der Vormiete lag bereits höher als 110% der
    ortsüblichen Vergleichsmiete (§ 556e BGB) => Ver-
    pflichtung zur Information des neuen Mieters über
    die Höhe der Vormiete gemäß § 556g Abs. 1a Nr. 1
    BGB.
-   Durchgeführte Modernisierungsmaßnahmen in den
    letzten 3 Jahren vor der Neuvermietung erhöhen die
    zulässige Miethöhe gemäß § 556e Abs. 2 BGB um
    den Betrag der möglichen Mieterhöhung wegen
    Modernisierungsmaßnahmen gemäß § 559 BGB und
    müssen dem neuen Mieter gemäß § 559g Abs. 1a Nr.
    2 BGB mitgeteilt werden.
-   Neuvermietung nach umfassender Modernisierung
    mit der Konsequenz der Nichtanwendbarkeit der
    Mietpreisbremse (§ 556f BGB). => Informations-
    pflicht des Vermieters gemäß § 556g Abs. 1a Nr. 4
    BGB.
-   Erstmalige Vermietung einer Wohnung, die nach
    dem 01.10.2014 neu gebaut worden ist (§ 556f BGB).
    => Informationspflicht des Vermieters gemäß § 556g
    Abs. 1a Nr. 3 BGB.

---

[43] Das ist in § 556g Abs. 1a BGB geregelt.

Die Auskunft muss vom Vermieter unaufgefordert und schriftlich gegeben werden und die einschlägige Ausnahmevorschrift ausdrücklich benennen.[44] Sie kann auch in den Mietvertrag eingefügt werden. Ein Verstoß gegen diese Auskunftspflicht des Vermieters hat den Nachteil, dass er sich nicht auf die Ausnahmen von der Mietpreisbremse berufen darf und damit sein Recht verwirkt, eine Miete oberhalb von 110% der ortsüblichen Vergleichsmiete wirksam zu vereinbaren. Es darf bezweifelt werden, dass diese neuen Regelungen tatsächlich den Härtetest in der Praxis bestehen. Es ist zu vermuten, dass die Mieter mit den erteilten Auskünften völlig überfordert sein werden und nur in einigen wenigen Fällen tatsächlich Klagen angestrengt werden. Gleichwohl rate ich dazu, sich bei Einschlägigkeit der Ausnahmen eine entsprechende Auskunft in den Mietvertrag zu inkludieren, um sich als Vermieter den Rücken frei zu halten.[45]

---

[44] Das ist in § 556g Abs. 4 BGB geregelt.
[45] Das ist in § 556g Abs. 1a BGB geregelt.

4. STRATEGIEN FÜR DIE RICHTIGE MIETERAUSWAHL

Vor dem Hintergrund des am 01.06.2015 in Kraft getretenen „Bestellerprinzips" für Maklerleistungen bei der Vermietung von Wohnraum gibt es einen weiteren guten Grund für einen Vermieter, die Mieterauswahl selbst in die Hand zu nehmen und diese nicht auf einen Makler zu übertragen. Denn nach der nun geltenden Rechtslage können die Maklerkosten nicht mehr auf den Mieter abgewälzt werden.

Da kann man als Vermieter in der Regel 2 Monatskaltmieten Provision sparen. Es ist übrigens nicht ausgeschlossen, dass der Makler im Einzelfall sogar eine höhere Provision fordert, weil die Deckelung auf 2 Monatskaltmieten nach dem Wohnungsvermittlungsgesetz nur für den Wohnungssuchenden gilt und nicht für den Vermieter.

Abgesehen von dem Kostenargument gibt es weitere gute Gründe, die Auswahl von Mietern selbst vorzunehmen: Da Sie als Vermieter am Ende des Tages die Konsequenzen der Auswahl ohnehin allein tragen müssen, werden Sie selbst in jedem Falle motivierter sein als ein Makler, den richtigen Mieter auszuwählen. Die Auswahl eines schlechten Mieters kann nicht nur zu Mietausfällen führen, sondern darüber hinaus zu einem überdurchschnittlichen Verschleiß der Immobilie und am Ende des Tages sogar noch zu erheblichen Rechtsanwalts- und Gerichtskosten, wenn es zu Konflikten kommt.

Wie aber wählt man den richtigen Mieter aus und worauf ist zu achten? Es empfiehlt sich, für die Ermittlung der relevanten Informationen auf ein Formular zurückzugreifen, das der Mietinteressent vor oder bei einem Besichtigungstermin auszufüllen hat (Mieterselbstauskunft).[46]

Zunächst einmal sollte der Mieter natürlich über hinreichende Finanzkraft verfügen, um die Miete aus seinem laufenden Einkommen nachhaltig bestreiten zu können. Sie sollten keine Hemmungen haben, sich Einkommensnachweise (in der Regel Lohn- und Gehaltsabrechnungen) vorlegen zu lassen.

Darüber hinaus kann eine SCHUFA – Auskunft sinnvoll sein, um die Zahlungsmoral des potentiellen Mieters zu überprüfen. Der Einfachheit halber können Sie potentielle Mieter auffordern, eine SCHUFA-Selbstauskunft einzuholen und Ihnen diese vorzulegen. In der SCHUFA-Auskunft wird eine Wahrscheinlichkeit in Form eines Prozentwertes angegeben, dass jemand seine Schulden bezahlt. Je näher der Wert an 100% liegt, desto geringer das Ausfallrisiko.

Allerdings sollten Sie sich nicht blind auf eine SCHUFA – Auskunft verlassen, weil das Datenmaterial

---

[46] Ein entsprechendes Muster für eine Mieterselbstauskunft finden Sie weiter unten in Kapitel IV. unter der Nr. 3 in diesem Buch.

der SCHUFA sehr lückenhaft sein kann. Denn es gibt keine Verpflichtung von Gläubigern, Zahlungsausfälle an die SCHUFA zu melden. Das heißt, dass der Umstand, dass in der SCHUFA – Kartei keine „Sünden" vermerkt sind und ein hoher Bonitätswert ermittelt ist, noch nicht die Schlussfolgerung zulässt, dass die Zahlungsmoral des Mietinteressenten gut ist. Zahlreiche negative Einträge und ein niedriger Bonitätswert hingegen lassen durchaus die Schlussfolgerung zu, dass die Zahlungsmoral schlecht ist. Eine schlechte Zahlungsmoral kann auf fehlender Finanzkraft, aber auch auf charakterlichen Mängeln des Mietinteressenten beruhen. In beiden Fällen ist für einen Vermieter Vorsicht geboten.

Darüber hinaus sollten Sie sich auch ein Bild vom beruflichen und familiären Hintergrund des Interessenten machen. Diese Informationen runden das gesamte Bild ab und lassen mitunter eine Einschätzung darüber zu, mit was für Menschen Sie es zu tun haben. Darüber hinaus lassen möglichst umfassende Informationen über den Mieter mitunter eine Einschätzung darüber zu, ob mit Ruhestörungen im Haus durch den neuen Mieter und mit Konflikten mit anderen Hausbewohnern zu rechnen ist.

Schließlich hat es sich bewährt, Auskünfte über das vorherige Mietverhältnis einzuholen (Länge des Mietverhältnisses, Mietrückstände, Umstände der Beendigung etc.). Dazu kann es hilfreich sein, sich eine schriftliche Erklärung des ehemaligen Vermieters vorlegen zu lassen, dass es während der Miet-zeit keine Zahlungsrückstände gegeben hat. Mindestens aber sollten Sie sich die Kontaktdaten des vorherigen Vermieters geben lassen, um diesen telefonisch kontaktieren zu können. Ein Telefongespräch mit diesem kann eine außerordentlich ergiebige Informationsquelle sein. Es geht schließlich um den Schutz Ihres Eigentums und Ihrer Einnahmequellen. Daher sollten Sie keine Bedenken haben, auch diese Informationsquelle auszuwerten. Wenn der Mietinteressent mauert und keine Informationen geben will, dann ist auch dieser Umstand eine Information, die gegen ihn spricht.

Sowohl bei der Formulierung einer Anzeige in Printmedien oder im Internet als auch beim Besichtigungstermin oder bei Gesprächen sollten Sie sich möglichst bedeckt halten, was die Auswahlkriterien des Mieters angeht. Der rechtliche Hintergrund dieser Empfehlung ist das Allgemeine Gleichbehandlungsgesetz (AGG), das eine Auswahl des Mieters auf der Grundlage von diskriminierenden Kriterien (z.B. Rasse oder ethnische Herkunft) mit Schadensersatzansprüchen des abgelehnten Mietinteressenten gegen den Vermieter sanktioniert. Aus dem gleichen Grund sollten Sie sich auch bei der Begründung von Absagen an Mietinteressenten bedeckt halten und möglichst wenig mitteilen.

III. RECHTLICHE PROBLEME MIT MIETERN & LÖSUNGEN

Leider läuft es nicht ausnahmslos glatt mit Mietern von Wohnraum. Es gibt zahlreiche Problemherde, die einen Vermieter stressen und den Erfolg der Kapitalanlage in die Immobilie gefährden können. Ich wünsche Ihnen, dass Sie dieses Kapitel möglichst niemals brauchen. Gleichwohl kann es sehr hilfreich sein, sich bereits mit möglichen Problemen im Vorfeld gedanklich auseinander zu setzen, um im Ernstfall besser reagieren und damit größere Probleme vermeiden zu können.

Es kann für einen Vermieter auch psychologisch beruhigend sein, seine Rechte und Pflichten zu kennen und auch die Lösungsmöglichkeiten im Vorfeld bereits gedanklich durchgespielt zu haben. Sie müssen insbesondere einkalkulieren, dass Sie durch ein vertragswidriges Verhalten des Mieters emotional erheblich gestresst werden können und daher die Gefahr besteht, dass Sie falsch reagieren, weil Sie sich schlecht behandelt oder ausgenutzt fühlen. Auch gegen eine solche Gefahr kann Sie profundes Wissen schützen.

1. Mietrückstände

Ein leider sehr häufiges Problem sind Zahlungsrückstände und unpünktliche Zahlungen von Mietern. Sie sind der mit Abstand häufigste Grund für eine außerordentliche Kündigung des Mietvertrages durch den Vermieter. Die auf der nachfolgenden Seite abgedruckte Grafik belegt das eindrucksvoll.

a) Kündigung wegen Zahlungsverzuges

Allerdings rechtfertigt nicht jeder Zahlungsrückstand eine Kündigung wegen Zahlungsverzuges. Voraussetzung ist vielmehr, dass sich der Mieter bei zwei aufeinanderfolgenden Zahlungsterminen in Höhe eines Betrages in Verzug befindet, der insgesamt eine Monatsmiete übersteigt.

Wenn dieser Schwellenwert nicht bei zwei aufeinander folgenden Zahlungsterminen erreicht wird, ist alternativ ausreichend, dass der Zahlungsverzug insgesamt einen Betrag von zwei Monatsmieten erreicht oder übersteigt.[47]

---

[47] Das ist in den §§ 543 Abs. 2 Nr. 3, 569 BGB geregelt.

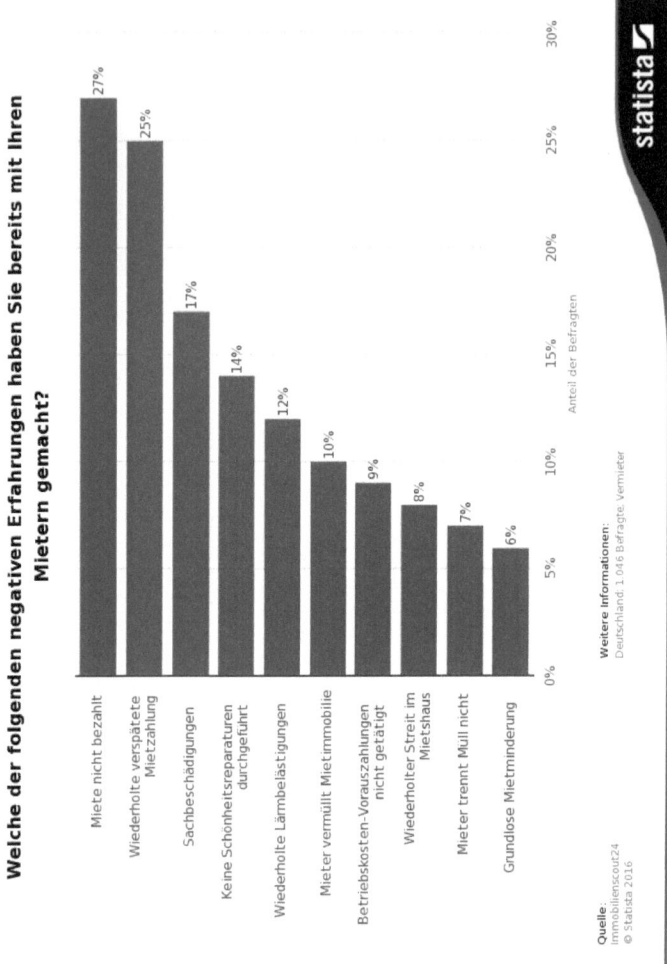

Welche der folgenden negativen Erfahrungen haben Sie bereits mit Ihren Mietern gemacht?

- Miete nicht bezahlt — 27%
- Wiederholte verspätete Mietzahlung — 25%
- Sachbeschädigungen — 17%
- Keine Schönheitsreparaturen durchgeführt — 14%
- Wiederholte Lärmbelästigungen — 12%
- Mieter vermüllt Mietimmobilie — 10%
- Betriebskosten-Vorauszahlungen nicht getätigt — 9%
- Wiederholter Streit im Mietshaus — 8%
- Mieter trennt Müll nicht — 7%
- Grundlose Mietminderung — 6%

Anteil der Befragten

Weitere Informationen:
Deutschland; 1.046 Befragte; Vermieter

Quelle:
Immobilienscout24
© Statista 2016

Quelle: Immobilienscout24: „Welche der folgenden negativen Erfahrungen haben Sie bereits mit Ihren Mietern gemacht?", zitiert nach de.statista.com, URL: https://de.statista.com/statistik/daten/studie/7083 9, Abruf am 28.11.2019, 17:00 Uhr

Die Kündigung wegen Zahlungsverzuges bedarf der Schriftform und sie muss die Kündigungsgründe angeben.[48] Das bedeutet, dass der Zahlungsverzug als Kündigungsgrund angegeben und der Gesamtsaldo an Rückständen ausgewiesen werden muss.[49]

In einigen Fällen der Kündigung sieht das Gesetz eine vorausgehende Abmahnung des Mieters vor Ausspruch einer Kündigung vor. Zwar gehört die Kündigung wegen Zahlungsverzuges nicht dazu.[50] Gleichwohl empfehle ich, zuvor eine Abmahnung zu versenden.[51] Das zeigt dem Mieter, dass seine Zahlungsverzögerung sehr ernste Konsequenzen haben wird und eröffnet die Möglichkeit, ihn zu einem vertragskonformen Verhalten zu bewegen und damit eine weitere Eskalation zu vermeiden.

Ein Verschulden des Mieters für den Zahlungsverzug wird vom Gesetz vermutet. Ein Sozialleistungsempfänger muss sich ein Verschulden der Behörden zurechnen lassen, wenn die Auszahlung der Sozialleistungen - von der Behörde verschuldet - verspätet erfolgt.

---

[48] Das ist in § 569 Abs. 4 BGB geregelt.

[49] Einen Mustertext für eine Kündigung wegen Zahlungsverzuges finden Sie weiter unten in Kapitel IV. unter der Nr. 10 in diesem Buch.

[50] Das ist in § 543 Abs. 3 Nr. 3 BGB geregelt.

[51] Einen Mustertext für eine Abmahnung wegen Zahlungsverzuges finden Sie weiter unten in Kapitel IV. unter der Nr. 9 in diesem Buch.

Das Verschulden der Behörde hindert die Wirksamkeit der Kündigung wegen Zahlungsverzuges nicht.[52]

Bitte beachten Sie, dass das Gesetz eine Möglichkeit des Mieters zur Abwendung der Kündigung wegen Zahlungsverzuges vorsieht, unabhängig davon, ob diese bereits ausgesprochen worden ist oder nicht. Dazu muss er **sämtliche** Zahlungsrückstände begleichen.[53] Diese Abwendungsmöglichkeit des Mieters endet erst 2 Monate, nachdem der Mieter eine Räumungsklage wegen der Kündigung zugestellt bekommen hat. Sie gilt also nicht unbefristet. Wenn der Vermieter die Kündigung gerechtfertigt auf weitere Gründe stützt wie z.B. Störung des Hausfriedens durch den Mieter oder ständige unpünktliche Zahlung der Miete, besteht diese Abwendungsmöglichkeit nicht.

Für die Ausübung der Kündigungsmöglichkeit wegen Zahlungsverzuges gilt zwar keine Frist. Gleichwohl sollte man als Vermieter nicht zu lange zuwarten, weil sonst die Gefahr besteht, dass die Ausübung der Kündigungsmöglichkeit von einem Gericht als treuwidrig und daher unwirksam eingestuft wird. Ein Abwarten von 7 Monaten ist in einer aktuellen Entscheidung des Bun-

---

[52] Ich verweise dazu auf BGH, Urteil vom 24.8.2016 (VIII ZR 261/15) - abrufbar auf
https://www.bundesgerichtshof.de/

[53] Ich verweise dazu auf BGH, Urteil vom 4.2.2015 (VIII ZR 175/14) und BGH, Urteil vom 29.6.2016 (VIII ZR 173/15) - abrufbar auf https://www.bundesgerichtshof.de/

desgerichtshofes noch als rechtzeitig und damit nicht treuwidrig angesehen worden.[54]

b) Kündigung wegen wiederholt unpünktlicher Mietzahlung

- Eine Kündigungsmöglichkeit besteht auch dann, wenn der Mieter die Miete wiederholt unpünktlich zahlt.[55] In einem solchen Fall sollte mindestens eine Abmahnung vor Ausspruch der Kündigung verschickt werden. Dies ist auch aus rechtlichen Gründen erforderlich, weil der Fall der Kündigung wegen stets unpünklicher Zahlungen etwas anderes ist als der Fall der Küdigung wegen Zahlungsverzuges.[56]

- Mit einer Abmahnung sollte der Mieter schon nach **einer** wiederholt unpünktlichen Zahlung aufgefordert werden, sein vertragswidriges Verhalten abzustellen. Die widerspruchslose Duldung von wiederholt unpünktlichen Mietzahlungen ist die schlechteste Wahl. Denn dadurch dokumentiert der Vermieter, dass er die Vertragsverletzung des Mieters toleriert und schwächt damit seine Rechtsposition.

---

[54] Ich verweise dazu auf BGH, Versäumnisurteil vom 13.7.2016 (VIII ZR 296/15) - abrufbar auf https://www.bundesgerichtshof.de/

[55] Ich verweise auf BGH, Urteil vom 11.01 2006 (Az VIII ZR 364/04) - abrufbar auf https://www.bundesgerichtshof.de/

[56] Siehe § 543 Abs. 3 BGB sowie BGH, Urteil vom 11.01 2006 (Az VIII ZR 364/04) - abrufbar auf https://www.bundesgerichtshof.de/

Schon mehrfach hat die Rechtsprechung Kündigungen als unwirksam angesehen, in denen der Vermieter zwar ordnungsgemäß abgemahnt hat, jedoch die ständigen unpünktlichen Zahlungen längere Zeit widerspruchslos geduldet hatte. Sie sollten daher nicht davor zurückschrecken, Nägel mit Köpfen zu machen und tatsächlich eine Kündigung aussprechen, wenn der Mieter trotz der Abmahnung weiterhin unpünktlich zahlt. Das schließt nicht aus, dass sie eine ausgeprochene Kündigung wieder zurücknehmen können. Wenn der Mieter sich ansonsten nichts hat zu Schulden kommen lassen und durch die ausgesprochene Kündigung für die Zukunft hinreichend gewarnt ist, kann das durchaus ein geschicktes Vorgehen sein. Abschließend stellt sich noch die Frage, ob die Kündigung außerordentlich und fristlos ausgesprochen werden sollte oder ordentlich unter Einhaltung der gesetzlichen Kündigungfrist.[57] Der Unterschied besteht darin, dass eine fristlose Kündigung gemäß § 569 BGB einen wichtigen Grund voraussetzt und eine ordentliche Kündigung gemäß § 573 BGB lediglich ein berechtigtes Interesse des Vermieters. Die Anforderungen an einen wichtigen Grund sind höher als die Anforderungen an ein berechtigtes Interesse.

---

[57] Die gesetzliche Kündigungsfrist ist in § 573c BGB geregelt. Sie beträgt grundsätzlich 3 Monate, verlängert sich aber nach 5 Jahren und nach 8 Jahren Laufzeit des Mietvertrages für den Vermieter um jeweils 3 Monate.

- Ich würde Ihnen empfehlen, beide Kündigungen auszusprechen: Das heisst, dass die Kündigung in erster Linie außerordentlich und fristlos aus wichtigem Grund erklärt wird und hilfsweise zusätzlich als ordentliche Kündigung wegen eines berechtigten Interesses unter Einhaltung der Kündigungsfrist. Wenn das Gericht zu der Einschätzung gelangt, dass der Kündigungsgrund nicht wichtig genug ist für eine fristlose Kündigung, so haben Sie mit der hilfsweise ausgesprochenen ordentlichen Kündigung noch die Chance, die geringeren Anforderungen an ein berechtigtes Interesse des Vermieters zu erfüllen und damit das Gerichtsverfahren zu gewinnen. Der Mustertext in Kapitel IV. (Nr. 8) dieses Buches setzt das entsprechend um.

2. Mietminderung wegen Mängeln

Den zweithäufigsten Konfliktherd zwischen Mietern und Vermietern stellen tatsächliche oder vermeintliche Mängel der Wohnung dar, die vom Mieter zum Anlass für eine Mietminderung genommen werden. Sie sind leider häufig auch die Keimzelle eines erbitterten Konfliktes. Daher ist es ratsam, diesem Thema große Aufmerksamkeit zu widmen.

Für eine berechtigte Minderung der Miete müssen folgende Voraussetzungen erfüllt sein:[58]

- Der Mangel muss erheblich sein.
- Der Mangel darf nicht schuldhaft vom Mieter verursacht worden sein.
- Bei Beginn der Mietzeit vorhandene Mängel: Der Mieter hatte bei Vertragsunterzeichnung entweder keine Kenntnis von dem Mangel oder er hat sich bei Kenntnis des Mangels seine Rechte vorbehalten.
- Bei später entstandenen Mängeln: Der Mieter hat einen nach Einzug entstandenen Mangel unverzüglich dem Vermieter angezeigt.

Ist die Berechtigung zur Mietminderung umstritten, muss der Mieter den Mangel und die rechtzeitige Mangelanzeige beweisen.[59] Bei Vorliegen dieser Voraussetzungen ist die Miete automatisch kraft Gesetzes gemin-

---

[58] Ich verweise auf § 536 BGB.

[59] BGH, Beschluss vom 25. 10. 2011 (VIII ZR 125/11) – abrufbar auf https://www.bundesgerichtshof.de/

dert, d.h. dass eine Mietminderung weder beantragt noch genehmigt werden muss. Diese gesetzliche Mietminderung ist hinsichtlich des Grundes und hinsichtlich der Höhe zwischen Mieter und Vermieter oft umstritten.

Das Recht zur Minderung der Miete steht dem Mieter auch dann zu, wenn Eigenschaften der Mietwohnung zugesichert worden sind, die tatsächlich nicht bestehen oder später wegfallen. Das kann z.B. bei **Flächengrößenangaben im Mietvertrag** der Fall sein. Allerdings ist hier durch die Rechtsprechung anerkannt, dass nur eine Unterschreitung der angegebenen Fläche um mindestens 10% zu einer Mietminderung berechtigt.[60] Darüber hinaus ist anerkannt, dass eine Flächenabweichung auch nur dann einen Mangel darstellt, wenn die Flächenangabe im Mietvertrag verbindlich ausgestaltet worden ist. Das ist nicht der Fall, wenn die Flächenangabe mit der Einschränkung versehen ist, dass sie nicht zur Festlegung des Mietgegenstandes diene und auch nicht zugesichert wird.[61] Aber beachten Sie unbedingt, dass eine „ca-Angabe" in einem Mietvertrag

---

[60] BGH, Urteil vom 10.03.2010 (VIII ZR 144/09) und BGH, Urteil vom 18.11.2015 (VIII ZR 266/14) – abrufbar auf https://www.bundesgerichtshof.de/

[61] BGH Urteil vom 10.11.2010 (Az VIII ZR 306/09) - abrufbar auf https://www.bundesgerichtshof.de/

für sich allein **nicht** ausreicht, um die Angabe einer Fläche im Mietvertrag unverbindlich auszgugestalten.[62]

Nachträglich erhöhte Geräuschimmissionen, die von einem Nachbargrundstück ausgehen, begründen bei Fehlen anderslautender Beschaffenheitsvereinbarungen grundsätzlich keinen zur Mietminderung berechtigenden Mangel, wenn auch der Vermieter die Immissionen ohne eigene Abwehr- oder Entschädigungsmöglichkeit als unwesentlich oder ortsüblich hinnehmen muss. Das betrifft z.B. den Bau einer Schule oder eines Kindergartens in der Umgebung nach Begründung des Mietverhältnisses. Denn grundsätzlich ist **nicht** anzunehmen, dass der Vermieter den unveränderten Fortbestand des gegenwärtigen Geräuschpegels in der Umgebung verbindlich zusichern will.[63]

a) Mietminderungstabelle

Zur angemessenen Höhe der prozentualen Minderung im Einzelfall gibt es eine große Anzahl von Gerichtsurteilen, die Anhaltspunkte geben.

Weiter unten finden Sie eine Mietminderungstabelle mit der Darstellung der Rechtsprechung zu einzelnen Mietminderungsfällen. In der ersten Spalte ist angegeben, in welcher Höhe von den Gerichten Mietminde-

---

[62] BGH, Urteil vom 10.03.2010 (Az VIII ZR 144/09) - abrufbar auf https://www.bundesgerichtshof.de/

[63] BGH, Urteil vom 29.4.2015 (VIII ZR 197/14) - abrufbar auf https://www.bundesgerichtshof.de/

rungen zugesprochen worden sind. Bemessungsgrundlage der Minderung ist dabei die Bruttomiete (Mietzins einschließlich aller Nebenkosten).[64] In der zweiten Spalte ist eine schlagwortartige Beschreibung des Mietmangels enthalten. In der dritten Spalte sind die Daten zu den ergangenen Gerichtsentscheidungen enthalten: Gericht, Datum der Entscheidung und in Klammern das Aktenzeichen des Urteils.

Wenn in der Tabelle eine Spanne angegebenen ist, die bei 0% beginnt, haben einige Gerichte eine Mietminderung abgelehnt und einige eine solche zugesprochen, die sich auf der Bandbreite der Spanne befindet. Diese Divergenzen hängen zum einen damit zusammen, dass kein Fall wie der andere ist und im Einzelfall eine andere Intensität eines Mangels gegeben sein kann. Ein Beispiel ist Hundegebell im Haus als Lärmbelästigung. Hier hängt es natürlich mit der Häufigkeit und Lautstärke des Gebells zusammen, wie hoch eine Mietminderung ausfallen kann. Zum Zweiten ist zu berücksichtigen, dass Richter einen Beurteilungsspielraum haben. Das erklärt, dass auch in identischen Fallkonstellationen unterschiedliche Mietminderungsquoten zugeprochen werden.

Die nachfolgende Liste dient nur der Orientierung und ist keine Garantie, dass ein Gericht im Einzelfall

---

[64] BGH, Urteil v. 06.04.2005 (Az XII ZR 225/03) - abrufbar auf https://www.bundesgerichtshof.de/

genau diesen Prozentsatz einer gerechtfertigten Miet-minderung annehmen wird.

Minde rung	Mangel	Gerichtsentscheidung
100%	Kompletter Stromausfall	Amtsgericht Neukölln, Urteil vom 20.10.1987 (15 C 23/87)
100%	Unbewohnbar keit nach Wohnungsbra nd	Landgericht Frankfurt am Main, Urteil vom 12.09.1995 (2/11 S 147/95)
80 - 100%	Einsatz von Trocknungsge räten nach Wasserschade n	Amtsgericht Schöneberg, Urteil vom 10.04.2008 (109 C 256/07) und Landgericht Frankfurt am Main, Urteil vom 12.09.1995 (2/11 S 147/95)
70 - 100%	Ausfall der Heizung im Winter	Landgericht Hamburg, Urteil vom 15.05.1975 (7 O 80/74) und Landgericht Berlin, Urteil vom 20.10.1992 (65 S 70/92) und Landgericht Berlin, Urteil vom 10.01.1992 (64 S 291/91) und Landgericht Berlin, Beschluss vom 18.08.2002 (67 T 70/02) und Amtsgericht Görlitz, Urteil vom 15.05.1997 (3 C 1347/96)
60 - 80%	Massive Be-einträchti-gungen durch Arbeiten zu einem Dachgeschoss ausbau	Landgericht Hamburg, Urteil vom 11.01.1996 (307 S 135/95) und Amtsgericht Hamburg, Urteil vom 16.01.1987 (44 C 1605/86)

0 - 75%	Störende Geräusche der Heizung	Landgericht Mannheim, Urteil vom 23.11.1977 (4 S 95/77) und Landgericht Hannover, Urteil vom 15.04.1994 (9 S 211/93) und Amtsgericht Hamburg, Urteil vom 08.01.1987 (49 C 836/86) und Amtsgericht Hannover, Urteil vom 01.10.2014 (412 C 8478/13)
10 - 50%	Schimmelbefall	Landgericht Hamburg, Urteil vom 08.01.2008 (Az 307 S 144/07) und Amtsgericht Norderstedt, Urteil vom 18.12.2009 (42 C 561/08) und Amtsgericht Schöneberg, Urteil vom 10.04.2008 (109 C 256/07) und Amtsgericht Gotha, Urteil vom 24.03.2003 (2 C 116/02) und Amtsgericht Berlin-Tempelhof-Kreuzberg, Urteil vom 19.10.2015 (20 C 234/13) und Landgericht Berlin, Urteil vom 22.10.2010 (63 S 690/09) und Landgericht Konstanz, Urteil vom 20.12.2012 (61 S 21/12 A)
50%	Gerüst vor der Dachgeschoss-wohnung und Dacharbeiten	Bundesgerichtshof, Urteil vom 12.12.2012 (Az VIII ZR 181/12)
10 - 50%	Erhebliche Lärmbelästigung durch Nachbarn	Amtsgericht Braunschweig, Urteil vom 03.08.1989 (113 C 168/89) und Amtsgericht Bergheim, Urteil vom 11.07.2012 (23 C 147/12) und Landgericht Berlin, Urteil vom 06.02.2015 (63 S 236/14)
50%	Defekte Heizung außerhalb der Heizperiode	Amtsgericht Villingen-Schwenningen, Urteil vom 03.10.2015 (11 C 243/14)

	bei ugewöhn-lich kalter Witterung	
bis 50%	Verstopfte und unbenutzbare Toilette	Amtsgericht Hannover, Urteil vom 10.10.2008 (559 C 3475/08)
25%	Feuchtigkeit wegen schadhaftem Abflussrohr	Landgericht Düsseldorf, Urteil vom 02.11.1994 (24 S 242/94)
0 - 25%	Legionellenbefall des Trinkwassers unterhalb der Grenzwerte	Amtsgericht Dresden, Urteil vom 11.11.2013 (148 C 5353/13) und Amtsgericht München, Urteil vom 25.06.2014 (452 C 2212/14)
25%	Nichtabschließbare Wohnungstür	Amtsgericht Potsdam, Urteil vom 09.03.1995 (26 C 406/94)
20%	Ausfall der Wasserversorgung	Landgericht Berlin, Beschluss vom 18.08.2002 (67 T 70/02)
15 - 20%	Baulärm außerhalb der Wohnung	Landgericht Berlin, Urteil vom 16.06.2016 (67 S 76/16) und Landgericht Berlin, Urteil vom 13.01.2004 (64 S 334/03) und Landgericht Berlin, Urteil vom 13.03.2013 (65 S 321/11)
20%	Störung der häuslichen Ruhe durch Prostitution in Nachbarwohnung	Amtsgericht Wiesbaden, Urteil vom 10.02.1998 (92 C 3285/97 - 28)

20%	Erhebliche Lärmbelästigung durch Nachbarn	Landgericht Chemnitz, Vergleich vom 07.10.1993 (6 S 3680/93)
20%	Erhebliche Belästigungen durch Lärm und Schmutz von Touristen im Haus	Bundesgerichtshof, Urteil vom 29.02.2012 (VIII ZR 155/11)
0 - 20%	Zigarettenrauch aus Nachbarwohnungen	Landgericht Stuttgart, Urteil vom 27.05.1998 (5 S 421/97) und Landgericht Berlin, Urteil vom 07.10.2008 (65 S 124/08) und Amtsgericht Charlottenburg, Urteil vom 17.03.2008 (211 C 3/07) und Landgericht Berlin, Urteil vom 30.04.2013 (67 S 307/12) und Amtsgericht Kerpen, Urteil vom 28.04.2010 (110 C 212/09) und Landgericht Hamburg, Urteil vom 15.06.2012 (311 S 92/10) und Amtsgericht Lübeck, Urteil vom 15.10.2013 (27 C 1549/13) und Landgericht Berlin, Urteil vom 15.07.2005 (65 S 408/04) und Amtsgericht Hamburg-St. Georg, Urteil vom 02.11.2010 (920 C 286/09) und Landgericht Berlin, Urteil vom 03.03.2009 (63 S 470/08) und Amtsgericht Wennigsen, Urteil vom 14.09.2001 (9 C 156/01)

20%	Hundekot und Hundeurin im Treppenhaus	Amtsgericht Münster, Urteil vom 22.06.1995 (8 C 749/94)
5 - 20%	Musizierender Nachbar	Amtsgericht Düsseldorf, Urteil vom 11.07.1988 (20 C 79/87) und Landgericht Berlin, Urteil vom 15.03.2011 (65 S 59/10)
20%	Mangelnde Beheizbarkeit und fehlende Regulierbarkeit der Heizung	Amtsgericht Köln, Urteil vom 13.04.2012 (201 C 481/10) und Amtsgericht Kerpen, Urteil vom 05.11.1987 (6 C 249/85)
5 - 20%	Gerüst und Bauarbeiten am Haus	Amtsgericht Wiesbaden, Urteil vom 25.06.2012 (93 C 2696/11) und Landgericht Berlin, Urteil vom 12.04.1994 (63 S 439/93)
10% und mehr	Abweichung der Wohnfläche von Angabe im Mietvertrag	Bundesgerichtshof, Urteil vom 24.03.2004 (VIII ZR 295/03) und Bundesgerichtshof, Urteil vom 02.03.2011 (VIII ZR 209/10) und Bundesgerichtshof, Urteil vom 10.03.2010 (VIII ZR 144/09)
10 - 20%	Rostfärbung des Leitungs-wassers	Amtsgericht Görlitz, Urteil vom 15.05.1997 (3 C 1347/96) und Amtsgericht Köln, Urteil vom 27.02.1980 (211 C 3195/79)
0 - 15%	Asbestbelastete Bauteile ohne konkrete Gesundheitsgefährdung	Amtsgericht München, Urteil vom 14.09.2001 (433 C 9149/01) und Landgericht München I, Urteil vom 18.02.2004 (15 S 19508/01) und Landgericht Berlin, Urteil vom 03.12.2010 (63 S 42/10) und Landgericht Berlin, Urteil vom 13.05.2015 (18 S 140/14) und Landgericht Berlin, Beschluss vom 29.09.2015 (63 S 112/15)

3 - 15%	Ausfall des Aufzuges bei oberen Geschossen	Amtsgericht Berlin-Mitte, Urteil vom 19.04.2007 (10 C 24/07) und Amtsgericht Berlin-Schöneberg, Urteil vom 26.08.2015 (104 C 85/15) und Amtsgericht Bremen, Urteil vom 04.12.1986 (10 C 300/86) und Amtsgericht Nürnberg, Urteil vom 24.10.2012 (28 C 4478/12) und Amtsgericht Tempelhof-Kreuzberg, Urteil vom 15.01.2014 (2 C 207/13)
0 - 15%	Zugluft durch undichte Fenster	Amtsgericht Villingen-Schwenningen, Urteil vom 03.10.2015 (11 C 243/14) und Amtsgericht Brandenburg a. d. Havel, Urteil vom 28.06.2013 (31 C 279/11) und Landgericht Karlsruhe, Urteil vom 23.09.2005 (9 S 157/05)
10 - 15%	Unterbrochene Warmwasserversorgung	Amtsgericht Rendsburg, Urteil vom 17.02.1988 (3 C 551/87) und Landgericht Berlin, Beschluss vom 04.06.1993 (64 T 69/93)
10 - 15%	Baugerüst mit Sichtbehinderung	Kammergericht Berlin, Urteil vom 08.01.2001 (8 U 5875/98) und Amtsgericht Mainz, Urteil vom 28.11.1996 (10 C 49/96)
0 - 10%	Taubendreck	Amtsgericht Altenburg, Urteil vom 28.01.2005 (5 C 857/04) und Amtsgericht Hamburg, Urteil vom 06.01.1988 (40 a C 2574/87) und Amtsgericht München, Urteil vom 11.06.2010 (461 C 19454/09)
10%	Ungezieferbefall	Amtsgericht Bonn, Urteil vom 08.02.1985 (6 C 277/84) und

		Amtsgericht Aachen, Urteil vom 19.04.2000 (5 C 5/00)
4 - 10%	Unangenehme Gerüche im Treppenhaus	Amtsgericht Berlin-Charlottenburg, Urteil vom 12.07.2010 (213 C 94/10) und Amtsgericht Gießen, Urteil vom 05.11.2015 (48 C 48/15)
0 - 10%	Abblätternde Farbe im Treppenhaus	Amtsgericht Schöneberg, Urteil vom 31.10.1990 (5 C 72/90) und Landgericht Berlin, Urteil vom 15.03.2002 (63 S 54/00)
2 - 10%	Ausfall von Klingel und Türöffner oder Gegensprechanlage	Amtsgericht Rostock, Urteil vom 30.09.1998 (Az 41 C 183/98) und Landgericht Berlin, Urteil vom 18.11.2004 (67 S 173/07) und Landgericht Dessau-Roßlau, Beschluss vom 31.01.2012 (1 T 16/12) und Landgericht Berlin, Urteil vom 02.12.1991 (67 S 364/91) und Amtsgericht Potsdam, Urteil vom 09.03.1995 (26 C 406/94) und Landgericht Berlin, Urteil vom 07.07.1992 (63 S 142/92)
10%	Verschattung und eingeschränkte Sicht durch nachträglich angebauten Balkon	Amtsgericht Hamburg-Wandsbek, Urteil vom 08.02.2002 (716A C 265/01)
10%	Erheblicher Baulärm	Landgericht Berlin, Urteil vom 12.04.1994 (63 S 439/93); Landgericht Berlin, Urteil vom 13.01.2004 (64 S 334/03)
0 - 10%	Übermäßiger Kaltwasservorlauf	Amtsgericht Köpenick, Urteil vom 15.11.2000 (12 C 214/00) und Landgericht Berlin, Urteil vom

		02.06.2008 (67 S 26/07) und Landgericht Berlin, Urteil vom 05.10.2006 (63 S 194/06)
5%	Fäkalienrück-fluss aus der Toilette	Amtsgericht Schöneberg, Urteil vom 31.10.1990 (5 C 72/90)
5%	Trittschallge-räusche wegen unzureichend er Schalliso-lierung	Landgericht Hannover, Urteil vom 15.04.1994 (9 S 211/93)
5%	Ständig überfüllte Mülltonne	Amtsgericht Potsdam, Urteil vom 09.03.1995 (26 C 406/94)
0 - 5%	Verschattung durch Wuchs von Bäumen	Amtsgericht Charlottenburg, Urteil vom 07.09.2006 (211 C 70/06) und Amtsgericht Neukölln, Urteil vom 02.07.2008 (21 C 274/07) und Landgericht Berlin, Urteil vom 05.12.2000 (63 S 155/00)
2%	Verdreckter Innenhof mit Rattenbefall	Landgericht Berlin, Urteil vom 16.02.1999 (64 S 356/98)
2%	Verschmutzte s Treppenhaus (z.B. durch Bauarbeiten)	Landgericht Berlin, Urteil vom 12.04.1994 (63 S 439/93)
1%	Defekter Schließmecha nismus Briefkasten	Amtsgericht Mainz, Urteil vom 06.05.1996 (8 C 98/96)
0,5%	Zu kleiner Briefkastensch litz	Landgericht Berlin, Urteil vom 11.05.1990 (29 S 20/90)
0 - 10%	Übermäßiges	Amtsgericht Hamburg, Urteil vom

	Hundegebell im Haus	06.03.2005 (49 C 165/05) und Bundesgerichtshof, Urteil vom 20.06.2012 (VIII ZR 268/11) und Amtsgericht Düren, Urteil vom 30.08.1989 (8 C 724/88)
0 - 10%	Knarrende Dielen im Altbau	Amtsgericht Köpenick, Urteil vom 26.11.1998 (2 C 305/98) und Amtsgericht Neukölln, Urteil vom 19.11.1991 (8 C 385/91)
0 - 10%	Im Haus ausgeübte Prostitution ohne konkrete Belästigung	Landgericht Berlin, Urteil vom 21.04.2008 (63 S 210/07) und Bundesgerichtshof, Urteil vom 26.09.2012 (XII ZR 122/11) und Landgericht Berlin, Urteil vom 04.03.2008 (65 S 131/07)
0%	Abblätternde Farbe an Fenstern	Amtsgericht Schöneberg, Urteil vom 20.10.2014 (102 C 194/13)
0%	Abgenutzte Türschwellen innerhalb der Wohnung	Landgericht Berlin, Urteil vom 04.06.1984 (61 S 204/83)
0%	Änderung der Hausordnung	Amtsgericht Steinfurt, Urteil vom 14.04.1983 (4 C 490/82)
0%	Asybewerberunterkunft in der Nähe	Amtsgericht Gronau, Urteil vom 13.12.1990 (4 C 430/90)
0%	Defekte Hausnummernbeleuchtung	Landgericht Berlin, Urteil vom 15.03.2002 (63 S 54/00)
0%	Baugerüst, das nur Küche und Speisekammer verdunkelt	Landgericht Berlin, Urteil vom 05.10.2006 (63 S 194/06)
0%	Feuchtigkeit im Keller bei	Amtsgericht Ansbach, Urteil vom 05.02.2013 (2 C 2268/11) und

	Altbau	Amtsgericht München, Urteil vom 11.06.2010 (461 C 19454/09) und Landgericht Dresden, Urteil von 17.6.2014 (4 S 4/14)
0%	Bei vorhersehbaren Bauarbeiten mit entsprechender Lärbelästigung	Amtsgericht Charlottenburg, Urteil vom 17.10.2013 (202 C 180/13) und Oberlandesgericht München, Urteil vom 26.03.1993 (21 U 6002/92) und Kammergericht Berlin, Urteil vom 03.06.2002 (8 U 74/01) und Landgericht Berlin, Urteil vom 11.03.2013 (67 S 465/12) und Landgericht Berlin, Urteil vom 17.03.2007 (63 S 155/07) und Landgericht Berlin, Urteil vom 17.09.2012 (63 S 208/12) und Landgericht Berlin, Urteil vom 10.02.2012 (63 S 206/11) und Landgericht Gießen, Urteil vom 15.12.2010 (1 S 210/10) und Landgericht Berlin, Hinweisbeschluss vom 27.02.2014 (67 S 476/13)
0%	Wachsende Drogenszene in der Umgebung	Landgericht Düsseldorf, Urteil vom 18.11.1994 (21 S 575/93)
0%	Einfachverglasung	Oberlandesgericht Saarbrücken, Urteil vom 08.05.2013 (2 U 3/13)
0%	Efeubewuchs der Fassade und nistende Vögel	Amtsgericht Köpenick, Urteil vom 03.05.2013 (12 C 384/12)
0%	Ausfall eines von zwei Aufzügen	Kammergericht Berlin, Urteil vom 14.03.2002 (8 U 161/01)

0%	Erhöhter Fluglärm aufgrund Ausbaus eines Flughafens	Amtsgericht Frankfurt am Main, Urteil vom 27.11.2012 (33 C 3517/12) und Amtsgericht Frankfurt am Main, Urteil vom 31.08.2012 (33 C 1839/12) und Landgericht Berlin, Beschluss vom 18.02.2013 (67 S 275/12)
0%	Erhöhter Verkehrslärm nach Ausbau einer innerstädtischen Autobahn	Amtsgericht Köpenick, Urteil vom 09.04.2013 (3 C 336/10) und Landgericht Berlin, Urteil vom 12.10.2000 (62 S 234/00)
0%	Geruchsbelästigungen durch Essensgerüche	Landgericht Essen, Urteil vom 23.09.1999 (10 S 491/98) und Amtsgericht Hamburg, Urteil vom 21.09.1992 (643 C 230/92)
0%	Falsche Angaben über Wohnungsgröße in Zeitungsannonce	Amtsgericht München, Urteil vom 10.08.2010 (424 C 7097/09)
0%	Fehlende Fußleisten in einem Wohnraum	Amtsgericht Rheine, Urteil vom 27.03.2013 (14 C 230/11)
0%	Fehlende Schlüssel für die Innentüren	Landgericht Berlin, Urteil vom 20.11.1980 (61 S 200/80)
0%	Gelegentlich auftauchende Spähameisen	Amtsgericht Köln, Urteil vom 06.04.1998 (213 C 548/97)

0%	Gelegentlicher Kinderlärm aus Nachbarwohnung oder von einem nahe gelegenen Spielplatz	Amtsgericht Hannover, Urteil vom 30.05.1984 (523 C 4320/84) und Amtsgericht Spandau, Urteil vom 10.07.2007 (7 C 162/07) und Amtsgericht Hamburg-Bergedorf, Urteil vom 11.11.2008 (409 C 285/08) und Amtsgericht Frankfurt am Main, Urteil vom 13.03.2009 (33 C 2368/08)
0%	Grillgerüche vom Nach-barn	Amtsgericht Bonn, Urteil vom 29.04.1997 (6 C 545/96)
0%	Graffiti im Treppenhaus	Landgericht Berlin, Urteil vom 05.10.2010 (63 S 619/09)
0%	Katzenhaltung im Haus bei Katzenhaar-allergie	Amtsgericht Arolsen, Urteil vom 08.03.2007 (2 C 18/07)
0%	Zeitweises Auftreten von Silberfischche n in Feuchträumen	Landgericht Lüneburg, Urteil vom 11.06.1998 (4 S 394/97) und Landgericht Berlin, Urteil vom 18.11.2004 (67 S 173/07)
0%	Mangelnde Schallisolierun g innerhalb einer Wohnung	Amtsgericht Spandau, Urteil vom 04.04.2014 (3 C 576/13)
0%	Flächenunters chreitung bei fehlender Verbindlichkei t der	Bundesgerichtshof, Urteil vom 10.11.2010 (VIII ZR 306/09)

	Flächenangaben im Mietvertrag	
0%	Kinderlärm im Treppenhaus beim Verlassen der Wohnung	Landgericht München I, Urteil vom 24.02.2005 (31 S 20796/04)
0%	Vom Mieter verschuldeter Schimmelbefall	Amtsgericht Schöneberg, Urteil vom 20.10.2014 (102 C 194/13)
0%	Mobilfunkantenne auf dem Dach	Landgericht Berlin, Urteil vom 29.10.2002 (63 S 24/02) und Amtsgericht Traunstein, Urteil vom 03.03.1999 (310 C 2158/98)
0%	Schnarchender Nachbar	Amtsgericht Bonn, Urteil vom 25.03.2010 (6 C 598/08)
0%	Kein mehrfacher Schließmechanismus bei Wohnungstür als Einbruchschutz	Amtsgericht Berlin-Mitte, Urteil vom 06.09.2012 (27 C 30/12)

Die mit „0%" angegebenen Zeilen im unteren Bereich der Tabelle dürften für Sie als Vermieter besonders wertvoll sein. Hier habe ich Ihnen Gerichtsurteile zusammengestellt, in denen eine Mietminderung vollständig abgeschmettert wurde.

In der obigen Tabelle habe ich Ihnen auch die Daten der Gerichtsurteile zusammengestellt. So können Sie gegenüber dem Mieter mit hoher Durchschlagskraft argumentieren, wenn Sie ihm unter Zitierung einer konkreten Gerichtsentscheidung mitteilen, dass sein Mietminderungsverlangen unberechtigt ist.

Die Volltexte der Gerichtsurteile können Sie kostenlos im Internet abrufen, wenn Sie die in der dritten Spalte der Tabelle angegebenen Daten der Gerichtsurteile in das Suchfeld der folgenden Internetseite eingeben: https://dejure.org/gerichte

Bei Durchsicht dieser Tabelle ist Ihnen vielleicht aufgefallen, dass Gerichte relativ häufig mit Fällen befasst sind, in denen Mieter eine Mietminderung wegen Störungen und Belästigungen durch andere Mieter ins Feld führen. Sie mögen sich als Vermieter denken, dass das doch eigentlich unfair ist, dass Sie von einer Mietminderung getroffen werden, weil ein anderer Eigentümer im Haus einen schlechten Mieter ausgewählt hat. Denn Ihre Einflußmöglichkeiten gegenüber diesen Mietern sind relativ begrenzt. Sie könnten allenfalls den Vermieter ansprechen und versuchen, ihn zu einer Abmahnung oder Kündigung des störenden Mieters zu überreden. Die Hoffnung, dass der belästigte Mieter kampflos das Feld räumt und auszieht statt die Miete zu mindern, erweist sich in der Regel als trügerisch. Auch das ist statistisch belegt. Ich verweise dazu auf die Grafik auf dieser Seite. Vielmehr mindern die Mieter die Miete, so dass am Ende des Tages Sie als Vermieter der Leidtragende sind.

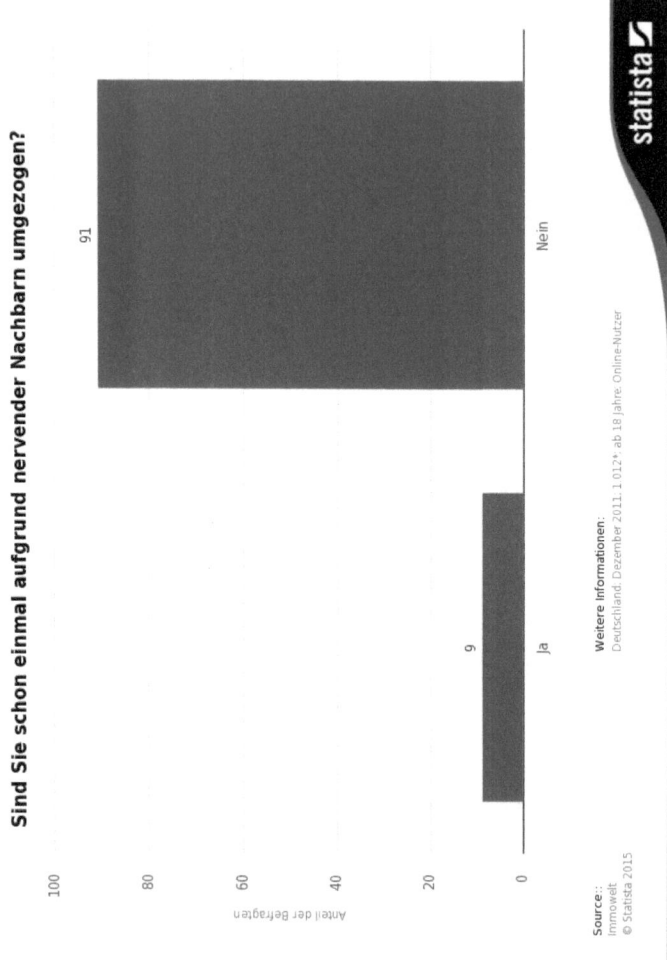

Quelle: Immowelt: „Sind Sie schon einmal aufgrund nervender Nachbarn umgezogen?", zitiert nach de.statista.com, URL: https://de.statista.com/statistik/daten/studie/241522, Abruf am 28.11.2019, 17:00 Uhr

Nehmen Sie daher Beschwerden von Mietern über Nachbarn sehr ernst und ergreifen Sie frühzeitig Maßnahmen. Dokumentierten Sie gegenüber Ihrem Mieter, dass Sie den Vermieter der Wohnung des Störers zu disziplinarischen Maßnahmen gegen den Störenfried angehalten haben. So können Sie möglicherweise vermeiden, dass der Mieter Ihnen die Störungen anlastet und die Miete mindert. Im Idealfall können Sie sogar erreichen, dass die Störungen aufhören.

Grundsätzlich gilt, dass ein Vermieter dem Mieter bei einer berechtigten Minderung nicht kündigen darf wegen Verzuges mit der Mietzinszahlung. Das gilt auch dann, wenn die vom Mieter vorgenommene Kürzung zu hoch ist. Vielmehr ist Voraussetzung für eine Kündigung wegen Zahlungsverzuges, dass den Mieter bei Verkennung der Sachlage und der unberechtigten Mietminderung ein Verschulden trifft.[65]

Ingesamt hat sich das nachfolgend dargestellte Vorgehen des Vermieters bewährt, wenn der Mieter die Miete mindert.

b) Sachverhalt aufklären

Wie oben ausgeführt, trägt der Mieter die Beweislast dafür, dass die Wohnung einen Mangel hat, der zur Minderung der Miete berechtigt. Daher könnte sich der Vermieter eigentlich zunächst einmal zurücklehnen und

---

[65] Ich verweise dazu auf das Urteil des BGH vom 11.07.2012 (Az. VIII ZR 138/11) - abrufbar auf https://www.bundesgerichtshof.de/

den Mangel bestreiten und abwarten, welche Beweise der Mieter vorlegt. Das ist jedoch tatsächlich nicht ratsam.

Denn ein solches Vorgehen würde einen möglichen Konflikt mit dem Mieter nur unnötig anfachen und verschärfen. Außerdem läuft der Vermieter Gefahr, dass der Mieter ein kostenträchtiges Beweissicherungsverfahren bei Gericht anstrengt. Wenn sich der Mangel dann als vorhanden erweist, trägt der Vermieter die Kosten. Daher sollte man sich als Vermieter interessiert zeigen für die Behauptungen des Mieters und möglichst zeitnah die vermeintlichen Mängel in Augenschein nehmen oder nehmen lassen.

Wenn sich herausstelt, dass der behauptete Mangel tatsächlich vorhanden ist, kann in dem Besichtigungstermin in aller Regel auch unbürokratisch eine Einigung erzielt werden, ob und in welchem Umfang der Mangel für die Zeitspanne bis zur Beseitigung zur Mietminderung berechtigt. Dazu kann die oben abgedruckte Tabelle einen Anhaltspunkt bieten. Handelt es sich um einen untergeordneten Mangel und hat der Mieter das böse Wort „Mietminderung" noch nicht in den Mund genommen, dann kann es klug sein, das Thema nicht anzusprechen so lange der Mieter es nicht tut. Wenn der Mangel zügig behoben wird, hat der Mieter in der Regel gar kein Interesse mehr daran, die Miete zu mindern. Hat der Mieter jedoch bereits eine Forderung nach einer Mietminderung gestellt, ist es durchaus sinnvoll, mit der Rechtsprechung und den entsprechenden Mietminderungsquoten zu argumentieren. Das hat eine hohe argumentative Durchschlagskraft und hilft darüber hinaus, den Mieter zu besänftigen. Denn immerhin wird er mit seinem Mangel vom Vermieter ernst genommen. Das hat häufig einen nicht zu unterschätzenden Effekt, der hilfreich sein kann bei der Konfliktvermeidung.

Wenn sich herausstellt, dass der behauptete Mangel besteht, dann sollte der Vermieter diesen zeitnah beheben, um möchstlich zügig wieder in den Genuss der vollen Miete zu gelangen. Denn die Miete kann so lange gemindert werden wie der Mangel besteht. In dem Termin kann der Mangel dokumentiert werden (z.B. mit Fotos), um einen Handwerker mit der Beseitigung zügig beauftragen zu können.

Stellt sich heraus, dass ein Mangel vom Mieter nur vorgeschoben ist, dann sollte auch der angebliche Mangel unbedingt vor Ort mit Fotos dokumentiert werden. Wenn der Mieter auf „Krawall gebürstet" ist, kann es sich als nützlich erweisen, einen Zeugen zu dem Termin mitzunehmen. Immerhin kann man diesen in späteren Schreiben an den Mieter benennen, um diesen zum Einlenken zu bewegen.

Schließlich gibt es noch eine dritte Variante: Der Mangel ist zwar vorhanden (z.B. Schimmel an einer Wand), aber es ist unklar, ob der Mieter den Mangel schuldhaft verursacht hat (z.B. durch das Veräumnis zu lüften oder in den Wintermonaten hinreichend zu heizen). In einem solchen Fall sollten Sie als Vermieter auch **Ursachenforschung** betreiben und den Mieter z.B. nach seinem Lüftungs- und Heizverhalten befragen.

Stellt sich z.B. heraus, dass der Mieter die Schlafzimmer im Winter gar nicht heizt und dort auch noch Wäsche trocknet, dann ist das mit hoher Wahrscheinlichkeit die Ursache für Schimmel an den Wänden. Stellt sicht hingegen heraus, dass der Mieter hinreichend heizt und lüftet, spricht das dafür, dass tatsächlich ein Mangel vorliegt. Das kann z.B. eine Undichtigkeit oder eine schlechte Isolierung der Fassade sein, wenn es sich um eine Außenwand handelt.

c) Klare Vereinbarungen treffen und dokumentieren

In jedem Fall sollten Sie als Vermieter klare Vereinbarungen mit dem Mieter treffen, wie es nach der gemeinsamen Begehung der Wohnung und Inaugenscheinsnahme des vermeintlichen Mangels weitergeht. So können Sie unter Umständen verhindern, dass der Mieter die Miete weiter mindert oder ungeduldig wird und dadurch das Verhältnis belastet wird. Sie könnten z.B. mit dem Mieter vereinbaren, dass er auf eine Mietminderung verzichtet, wenn der Mangel innerhalb einer bestimmten Frist (z.B. 14 Tage) beseitigt wird.

d) Feststellungsklage

Wenn es unüberbrückbare Meinungsverschiedenheiten mit dem Mieter über die Erheblichkeit und Verantwortlichkeit für einen Mangel gibt und der Mieter die Miete hartnäckig mindert, dann bleibt unter Umständen nur noch der Weg einer Feststellungsklage beim Gericht. Es müsste dann eine gerichtliche **Feststel-**

lung durch Urteil beantragt werden, dass kein zur Minderung berechtigender Mangel der Mietsache vorliegt und die Miete ungekürzt zu zahlen ist. Eine gerichtliche Auseinandersetzung sollte jedoch Ultima Ratio sein.

e) Alternative: Kündigung wegen Zahlungsverzuges

Eine Alternative zur Feststellungsklage ist eine Kündigung des Mieters wegen Zahlungsverzuges. Dann sollten Sie sich als Vermieter jedoch sicher sein, dass Sie entweder die Mangelfreiheit oder die Verantwortlichkeit des Mieters für einen Mangel nachweisen können. Denn wenn sich herausstellt, dass dieser Beweis nicht erbracht werden kann, dann verlieren Sie das Gerichtsverfahren und haben einen rebellischen Mieter, der Ihnen auf lange Zeit das Leben schwer machen könnte.

Mit einer Kündigung wegen Zahlungsverzuges müssen Sie warten bis insgesamt mindestens zwei Monatsmieten Verzug aufgelaufen sind.[66] Darüber hinaus ist zu berücksichtigen, dass auch eine überhöhte oder ungerechtfertigte Mietminderung nicht in jedem Fall zur Kündigung wegen Zahlungsverzuges berechtigt. Vielmehr ist Voraussetzung, dass den Mieter bei Verkennung der Sachlage und der unberechtigten Mietminde-

---

[66] Dazu finden Sie weiter oben unter III. 1. nähere Ausführungen.

rung ein Verschulden trifft.[67] Das kann z.B. angenommen werden, wenn ein Verursachungszusammenhang des Mangels mit Vertragsverletzungen des Mieters auf der Hand liegt und der Mieter sich diesen Erkenntnissen stur verschlossen hat. In dem oben zitierten Fall des Bundesgerichtshofes hatte der Mieter mehrere Aquarien und Terrarien in seiner Wohnung, die nach der Feststellung des Gutachters die Ursache für die Schimmelbildung an den Wänden waren. Bei einer solchen Sachlage hat das Gericht die Außerachtlassung dieses Ursachenzusammenhangs durch den Mieter als schuldhaft eingestuft und die Wirksamkeit der Kündigung wegen Zahlungsverzuges aufgrund von unberechtigter Mietminderung bestätigt.[68]

Das Instrument der Kündigung wegen Zahlungsverzuges kann durchaus hilfreich sein, um den Druck auf einen renitenten Mieter zu erhöhen, wenn der Mieter Mängel wahrheitswidrig behauptet oder ein Verschulden des Mieters für einen Mangel auf der Hand liegt. Ist die Lage hingegen unübersichtlich und die Ursache für einen Mangel unklar, ist dem Vermieter zur Vorsicht zu raten. Wenn der Mieter genervt auszieht und das Gericht später die Kündigung als rechtswidrig einstuft,

---

[67] Ich verweise dazu auf das Urteil des BGH vom 11.07.2012 (Az. VIII ZR 138/11) - abrufbar auf https://www.bundesgerichtshof.de/

[68] Ich verweise dazu auf das Urteil des BGH vom 11.07.2012 (Az. VIII ZR 138/11) - abrufbar auf https://www.bundesgerichtshof.de/

weil z.B. ein Verschulden des Mieters für den Mangel nicht zweifelsfrei festgestellt werden konnte, macht sich der Vermieter durch die unberechtigte Kündigung schadensersatzpflichtig.

Der Mieter kann den Vermieter infolgedessen auf Schadensersatz für Umzugskosten und eine erhöhte Miete in der Ersatzwohnung in Anspruch nehmen.

f) Kompromiss: Stundung, Vorbehaltszahlung oder Hinterlegung

Wenn Sie als Vermieter den Eindruck haben, dass der Mieter die Miete nur deshalb mindert, weil er finanzielle Probleme hat, müssen Sie grundsätzlicher nachdenken. Sind die Zahlungsschwierigkeiten absehbar vorübergehend (z.B. bei einem gut ausgebildeten Mieter, der unverschuldet seine Arbeit verloren hat durch die Insolvenz des Arbeitgebers), so können Sie über die Vereinbarung eines zeitlich befristeten Zahlungsaufschubes eines Teils der Miete nachdenken, um den Zahlungsengpass des Mieters zu überbrücken.

Ist hingegen absehbar, dass die Zahlungsschwierigkeiten des Mieters langfristig sein werden, so sollten Sie anstreben, das Mietverhältnis möglichst zeitnah zu beenden. Das kann durch einen Mietaufhebungsvertrag[69]

---

[69] Einen Mustertext für einen Mietaufhebungsvertrag finden Sie weiter unten in Kapitel IV. unter der Nr. 12 in diesem Buch.

oder (bei Vorliegen der Voraussetzungen) durch eine Kündigung wegen Zahlungsverzuges erfolgen.

Bis zur tatsächlichen Beendigung und bis zum Auszug des Mieters sollten Sie versuchen, diesen zu einer Vorbehaltszahlung oder zur Hinterlegung des Betrages bei der Hinterlegungsstelle des Amtsgerichtes anzuhalten. So können Sie Zahlungsausfälle vermeiden, wenn der Mieter am Ende des Tages zahlungsunfähig ist.

3. AUßERORDENTLICHE KÜNDIGUNG

Ein Vermieter kann den Mietvertrag über Wohnraum nur bei Vorliegen eines wichtigen Grundes außerordentlichen kündigen. Das Gesetz enthält dazu eine generalklauselartige Regelung in § 543 Absatz 1 BGB und eine beispielhafte, aber nicht abschließende Aufzählung von außerordentlichen Kündigungsgründen in § 543 Absatz 2 BGB.

Es ist eine Abwägung im Einzelfall erforderlich, ob die Vertragsverletzung durch den Mieter hinreichend gewichtig ist, um eine außerordentliche und fristlose Kündigung zu rechtfertigen. Darüber hinaus sieht das Gesetz vor, dass eine Kündigung erst nach einer fruchtlosen Abmahnung des Mieters wegen der Vertragsverletzung zulässig ist, wenn nicht im Einzelfall eine solche entbehrlich ist (z.B. wegen der besonderen Schwere der Vertragsverletzung oder wegen Aussichtslosigkeit, wenn der Mieter uneinsichtig ist und eine Besserung seines Verhaltens nicht zu erwarten ist).[70]

Da eine Abgrenzung schwierig ist, wann eine Abmahnung entbehrlich ist und wann nicht, ist es in jedem Fall empfehlenswert, vor der Kündigung eine Abmahnung auszusprechen und eine Frist zur Beendigung der Vertragsverletzung durch den Mieter zu setzen.

Zur Orientierung, ob ein Kündigungsgrund hinreichend schwerwiegend ist für eine außerordentliche

---

[70] Ich verweise dazu auf § 543 Abs. 3 BGB.

Kündigung des Mietvertrages, diene folgende Liste mit tatsächlich von Gerichten entschiedenen Fällen:

- Dauerhaft Unpünktliche Mietzahlung
- Beleidigung, üble Nachrede, Verleumdung, Nötigung, Tätlichkeiten gegenüber dem Vermieter oder anderen Mietern
- Blockade- und Boykottmaßnahmen des Mieters anlässlich von Umwandlungs-, Sanierungs-, oder Verkaufsmaßnahmen
- Mutwillige Strafanzeigen gegen den Vermieter, die jedweder Grundlage entbehren
- Anstößiger Lebenswandel (z.B. Drogenhandel in der Wohnung oder wiederholte und nachhaltige nächtliche Ruhestörung)
- Verletzung von Aufklärungspflichten (insbesondere falsche Angaben in der Mieterselbstauskunft)
- Ungenehmigte Untervermietung an Touristen[71]

---

[71] Ich verweise dazu auf eine Entscheidung des Landgerichtes Berlin vom 18.11.2014 (67 S 360/14) - abgedruckt in NZM 2015, S. 248 ff.

4. ZWANGSRÄUMUNG

Die Zwangsräumung ist der letzte Akt einer Tragödie für einen Vermieter. Sie stellt die Durchsetzung der Räumung einer Wohnung mit staatlichen Zwangsmitteln dar. Sie ist nur möglich auf der Grundlage eines Vollstreckungstitels (Gerichtsurteil, Zuschlagsbeschlusses bei einer Zwangsversteigerung oder vollstreckbare Ausfertigung einer notariellen Räumungsverpflichtung). Das erklärt sich durch das Gewaltmonopol des Staates. Ein Vermieter darf nicht eigenmächtig einen vertragsbrüchigen Mieter mit Gewalt und Zwangsmitteln aus der Wohnung vertreiben. Das darf nur der Staat auf der Grundlage einer rechtsstaatlich zustande gekommenen Entscheidung, die dann vom Gerichtsvollzieher vollstreckt wird.

In diesem Zusammenhang ist auch entschieden worden, dass die Unterbrechung von Strom- oder Wasserversorgung für eine Wohnung durch den Vermieter eine Nötigung darstellt und als Mittel zur eigenmächtigen Durchsetzung einer Räumung unzulässig ist.

Bei einem hartnäckigen und vertragsbrüchigen Mieter bleibt daher leider keine andere Möglichkeit als den langen und steinigen Weg zu gehen, ein Gerichtsurteil zur Räumung zu erstreiten und dieses im Wege der Zwangsvollstreckung vom Gerichtsvollzieher durchzusetzen zu lassen. Dabei ist nicht nur der erhebliche Zeitaufwand für den Vermieter ein belastender Faktor.[72] Darüber hinaus wird der Vermieter mit erheblichen Kosten für die Erlangung des Gerichtsurteiles und für die Zwangsvollstreckung belastet. Der Gerichtsvollzieher beginnt nämlich erst dann mit der Zwangsräumung, wenn der Vermieter die Kosten dafür vorgestreckt hat. Obwohl letztendlich der Mieter für diese Kosten gerade stehen muss, bleibt der Vermieter häufig auf diesen Kosten sitzen, wenn der Mieter kein Geld hat.

Vor dem Hintergrund der erheblichen Kosten einer Zwangsräumung, hat die Praxis das sogenannte Berliner Modell entwickelt, um Kosten zu sparen. Bei der Berliner Räumung übt der Vermieter das Vermieterpfandrecht gemäß § 562 BGB an allen in der Wohnung befindlichen Sachen des Mieters aus und beantragt nur die Vollstreckung der Herausgabe der Wohnung.

In der Praxis bedeutet das, dass der Gerichtsvollzieher nur das Schloss auswechselt und den Mieter aus der Wohnung weist. Damit entfallen die Kosten für Transport und Einlagerung des Hausrats wodurch auch der Kostenvorschuss an den Gerichtsvollzieher deutlich reduziert ist. Dieses Berliner Modell ist vom Bun-

---

[72] Einziges Trostpflaster für den Vermieter ist die mit dem Mietrechtsreformgesetz im Jahre 2013 eingeführte Regelung, dass Räumungsklagen bei den Amtsgerichten vorrangig bearbeitet werden müssen.

desgerichtshof anerkannt und mittlerweile auch vom Gesetzgeber im Gesetz verankert worden.[73]

Allerdings können Probleme auftreten, wenn der Mieter nicht alleine in der Wohnung gewohnt hat, sondern auch sein Ehepartner, Lebenspartner oder Lebensgefährte. Wenn diese weiteren Personen nicht Mieter geworden sind, dann entsteht an deren Sachen kein Vermieterpfandrecht. Das wiederum kann eine Räumung nach dem Berliner Modell unwirksam machen.[74] Das ist ein guter Grund, bei Aufnahme von Ehepartnern, Lebenspartnern oder Lebensgefährten nach Begründung des Mieterverhältnisses auf einen Schuldbeitritt der einziehenden Personen zu den Verpflichtungen des Mieters zu bestehen. Wenn bereits bei Abschluss des Mietvertrages feststeht, dass mehrere Personen einziehen, dann sollten selbstverständlich alle Mieter werden und als solche den Mietvertrag unterschreiben.

---

[73] Ich verweise auf § 885a ZPO und auf BGH, Beschluss vom 17.11.2005 (Az I ZB 45/05) – abrufbar auf https://www.bundesgerichtshof.de/

[74] Ich verweise dazu auf eine Entscheidung des OLG Schleswig, Beschluss vom 28.10.2014 (5 W 42/14) – abgedruckt in NJW-RR 2015, S.1298 ff.

5. Schadensersatzan-sprüche des Mieters

Hin und wieder kommt es vor, dass Mieter eine gesundheitliche Beeinträchtigung durch Schadstoffe oder einen Mangel in der Wohnung behaupten. Es kann dabei z.B. um die Behauptung gehen, dass das Trinkwasser mit Legionellen verunreinigt ist oder um gesundheitsgefährdende Ausdünstungen von Holzverkleidungen.

Es ist zwar richtig, dass ein Vermieter sich schadensersatzpflichtig macht, wenn durch den Zustand der Wohnung gesundheitliche Beeinträchtigungen für den Mieter verursacht werden. Es ist wiederholt höchstrichterlich entschieden worden, dass der Mieter für einen behaupteten Ursachenzusammenhang zwischen gesundheitlichen Beschwerden und dem Zustand der Wohnhnung die volle Darlegungs- und Beweislast trägt.[75] Das führt dazu, dass Sie als Vermieter nicht per se verpflichtet sind, einer Behauptung des Mieters auf den Grund zu gehen. Das gilt insbesondere dann, wenn die Behauptung abwegig ist und nicht auf valide Indizien und Fakten gestützt werden kann.

Allerdings sind Vermieter seit dem 1.11.2011 gemäß § 14 Abs. 3 Trinkwasserverordnung (TrinkwV) gesetzlich verpflichtet, das Trinkwasser regelmäßig auf Legionel-

---

[75] Ich verweise dazu auf BGH, Urteil vom 6.5.2015 (VIII ZR 161/14) - abrufbar unter
https://www.bundesgerichtshof.de/

len untersuchen zu lassen, wenn es eine zentrale Warmwasseraufbereitung gibt. Diese Verpflichtung sollten Sie sehr ernst nehmen. Denn eine Legionelleninfektion kann zu gravierenden Gesundheitsschäden führen und Sie als Vermieter einem erheblichen Haftungsrisiko aussetzen. Ich verweise dazu auf die zuvor zitierte Entscheidung des BGH vom 6.5.2015, in der ein solcher Fall zugrunde gelegen hat. Wenn Sie der regelmäßigen Untersuchungspflicht des Trinkwassers gemäß § 14 Abs. 3 TrinkwV nicht nachgekommen sind und tatsächlich ein Befall des Wassers im Haus festgestellt wird, ist der Weg für die Realisierung eines Schadensersatzanspruches des Mieters gegen Sie nicht mehr weit.

Problematisch sind auch bestimmte Formen der Rohrleitungssanierung. Insbesondere gegen die Rohrinnensanierung von Trinkwasserleitungen mit Epoxidharz sind erhebliche gesundheitliche Bedenken vorgebracht worden, die einige Gerichte veranlasst haben, diese Art der Sanierung als nicht fachgerecht einzustufen und in Einzelfällen Mietern Schadensersatzansprüche und Ansprüche auf Mietminderung zuzusprechen.[76]

Das bloß abstrakte und geringfügig erhöhte Lebensrisiko einer Erkrankung allein reicht jedoch für die Begründung von Ansprüchen des Mieters gegen den Vermieter nicht aus. Das hat der Bundesgerichtshof in ei-

---

[76] Ich verweise dazu auf OLG Frankfurt a.M., Urteil vom 28.10.2015 (16 U 56/15) und OLG Karlsruhe, Urteil vom 09.12.2015 (6 U 174/14) und AG Köln, Urteil vom 20.4.2011 (201 C 546/10).

nem Fall mit Vinyl - Asbestplatten entschieden und Ansprüche des Mieters abgelehnt.[77]

---

[77] Ich verweise dazu auf BGH, Urteil vom 2.4.2014 (VIII ZR 19/13) - abrufbar unter
https://www.bundesgerichtshof.de/

IV. MUSTERTEXTE & MUSTERSCHREIBEN

In diesem Kapitel finden Sie eine Sammlung von Mustertexten, Musterbriefen und Formularen für das Mietverhältnis. Diese Texte sind praxiserprobt und decken die üblichen Konstellationen ab. Zu der Sammlung gehört auch ein Mustermietvertrag.

Alle Texte können Sie als Dateien per eMail beim Verlag anforern. Schreiben sie dazu einfach ein eMail an die folgende Adresse:

vme@alexander-goldwein.de

1. MUSTERMIETVERTRAG

Auf den nachfolgenden Seiten finden Sie einen anwaltsgeprüften Mustermietvertrag für Wohnungen abgedruckt.[78] Diesen Mustervertrag können Sie auch als Datei erhalten, um diesen mit konkreten Daten zu befüllen und selbst auszudrucken.[79] Der Vertrag berücksichtigt die aktuelle Rechtsprechung und nutzt den Gestaltungsspielraum für Vermieter in weitgehendem Umfang aus.

Das Vertragsmuster ist selbsterklärend. An den Stellen, an denen der Vermieter eine Auswahl treffen oder Angaben machen muss, befinden sich entsprechende Felder zum Ankreuzen oder Ausfüllen.

Wenn alternative Gestaltungsmöglichkeiten im Text enthalten sind, dann ist das durch eine entsprechende Überschrift in Fettdruck kenntlich gemacht. Bei optionalen Regelungen finden sich entsprechende Erklärungen in Fußnoten.

---

[78] Der Mustervertrag wurde von Rechtsanwalt Rennert aus Düsseldorf geprüft. Trotz sorgfältiger Erstellung und Prüfung ist eine Haftung von Rechtsanwalt Rennert sowie von Alexander Goldwein und des M&E Books Verlages ausgeschlossen.

[79] Zur Anforderung eines Downloadlinks schreiben Sie einfach ein Email an: vme@alexander-goldwein.de

WOHNRAUMMIETVERTRAG

Zwischen

Frau/Herrn   _____

Wohnhaft in   _____

als Vermieter

und Frau/Herrn _____

und Frau/Herrn _____

wohnhaft in   _____

als Mieter

§ 1 Mietgegenstand

(1) Der Vermieter vermietet dem Mieter bzw. den Mietern die folgenden Räume zu Wohnzwecken:

Straße, Hausnr.   _____

PLZ, Ort   _____

Im _____ Geschoss (rechts/links/Mitte; Nr.des Planes der Teilungserklärung bzw. des Geschossplans),

bestehend aus

| Zimmer(n)

| Küche / Kochnische

| Flur / Diele

| Bad inkl. Dusche und WC

| Abstellraum im Keller

(Nr._____im Plan der Teilungserklärung)

Mitvermietet werden

☐ Garage

☐ Stellplatz Nr. ☐

Die genaue Bezeichnung der Garage bzw. des KfZ-Stellplatzes sowie gegebenenfalls weiteren mitvermieteten Zubehörs ist der als Anlage zu diesem Vertrag beigefügten Beschreibung bzw. dem Übergabeprotokoll zu entnehmen.

(2) Der Mietgegenstand ist eine frei finanzierte Wohnung ohne Preisbindung.

(3) Die Wohnfläche beträgt ca. ___ m^2. Diese Flächenangabe ist unverbindlich und stellt keine zugesicherte Eigenschaft dar.

(4) Zur Mitbenutzung durch den Mieter werden folgende gemeinschaftliche Einrichtungen bzw. Anlagen mitvermietet:

☐ Waschküche

☐ Trockenboden bzw. Trockenplatz

☐ Garten

☐ Hoffläche

☐ Aufzug

☐ _____

§ 2 Mietzins und Betriebskosten

(1) Für den Mietgegenstand ist eine Miete zu entrichten in Höhe von monatlich

EUR _____ für die Wohnung und den Kellerraum

EUR _____ für die Garage bzw. den KfZ-Stellplatz

EUR _____ insgesamt

Alternativ (Staffelmiete):

Der monatliche Mietzins erhöht sich

ab dem ___ um EU ___ auf dann EUR _____

ab dem ___ um EU ___ auf dann EUR _____

ab dem ___ um EU ___ auf dann EUR _____

ab dem ___ um EU ___ auf dann EUR _____

ab dem ___ um EU ___ auf dann EUR _____

ab dem ___ um EU ___ auf dann EUR_____

ab dem ___ um EU ___ auf dann EUR_____

ab dem ___ um EU ___ auf dann EUR_____

ab dem ___ um EU ___ auf dann EUR_____

ab dem ___ um EU ___ auf dann EUR_____

Während der Laufzeit dieser Staffelmietvereinbarung ist eine Erhöhung nach § 558 BGB bis zur ortsübliche Vergleichsmiete sowie nach § 559 BGB wegen Modernisierung ausgeschlossen.

Alternativ (Indexmiete):

Der Vermieter ist berechtigt, den Mietzins gemäß § 557 b BGB durch schriftliche Mitteilung an die Änderung des vom Statistischen Bundesamt veröffentlichen Lebenshaltungskostenindex aller privaten Haushalte in Deutschland (Basis 2010 = 100) anzupassen. Für die konkrete Anpassung des Mietzinses erfolgt eine gesonderte schriftliche Mitteilung des Vermieters, in der die eingetretene Änderung des Preisindexes und die darauf beruhende Anpassung der Miete als Geldbetrag angegeben werden. Die so angehobene Miete ist mit Beginn des übernächsten Monats nach Zugang des Mieterhöhungsschreibens zu zahlen. Die Miete kann nach dieser Regelung mehrfach angepasst werden. Maßstab für die Berechnung der prozentualen Veränderung ist der jeweils zum Zeitpunkt der letzten Mieterhöhung zugrunde gelegte Indexstand. Die Miete muss aber mindestens ein Jahr lang unverändert bleiben bevor eine neue Mieterhöhung nach dieser Regelung möglich ist.

Bei Vereinbarung einer Indexmiete sind Mieterhöhungen gemäß § 558 BGB ausgeschlossen und Mieterhöhungen gemäß § 559 BGB sind nur möglich, soweit der Vermieter bauliche Maßnahmen aufgrund von Umständen durchgeführt hat, die er nicht zu vertreten hat.

(2) Zusätzlich zur oben aufgeführten Miete hat der Mieter die anteiligen Betriebskosten des Mietgegenstandes zu tragen. Es werden sämtliche Betriebskosten im Sinne von § 2 Betriebskostenverordnung umgelegt. Zu den Betriebskosten gehören insbesondere folgende Positionen:

1. Laufenden öffentliche Lasten des Grundstücks (Grundsteuern und sonstige Abgaben)
2. Kosten der Wasserversorgung
3. Kosten der Abwasserbeseitigung
4. Kosten des Betriebs einer Zentralheizung einschließlich der Reinigung und Wartung der Heizung (inklusive Schornsteine) bzw. die Kosten des Betriebs einer zentralen Brennstoffversorgungsanlage bzw. die Kosten der eigenständigen Lieferung von Wärme. Im Falle eines Wärmecontractings kann der Vermieter verlangen, dass der Mieter die Kosten der Wärmelieferung direkt mit dem Wärmelieferanten abrechnet.
5. Kosten des Betriebs einer zentralen Warmwasserversorgungsanlage bzw. die Kosten von mit der Heizung verbundenen Warmwasserversorgungsanlagen einschließlich der Kosten der Reinigung und Wartung.
6. Betreibt der Mieter selbst eine Heizungsanlage (z.B. Gasetagenheizung), ist er verpflichtet, diese während der Heizperiode in Betrieb zu halten sowie die Kos-

ten des Betriebs und der Wartung zu tragen. Außerdem trägt er die Kosten kleinerer Instandsetzungsarbeiten an der Heizungsanlage in den Grenzen des § 9 dieses Vertrages.

7. Kosten des Betriebs eines Personen- oder Lastenaufzugs (Betriebsstrom, Beaufsichtigung, Überwachung, Reinigung und Pflege der Anlage, Prüfung der Betriebsbereitschaft und Betriebssicherheit)

8. Kosten der Straßenreinigung und Müllbeseitigung

9. Kosten der Gebäudereinigung, Schornsteinreinigung, Ungezieferbekämpfung und der Gartenpflege

10. Kosten der Allgemeinbeleuchtung

11. Kosten der Sach- und Haftpflichtversicherung

12. Kosten für einen Hauswart

13. Kosten des Betriebs der Gemeinschaftsantennenanlage bzw. Satellitenanlage und die Kosten des Betriebs einer mit einem Breitbandkabelnetz verbundenen privaten Verteileranlage

14. Sonstige Betriebskosten des Mietgegenstandes und der mitvermieteten Gemeinschaftseinrichtungen im Sinne von § 1 der BetrKV soweit sie nicht in dieser Auflistung aufgeführt sind.

Der Mieter ist verpflichtet, monatliche Vorauszahlungen auf die Betriebskosten zu leisten.

Diese betragen für

a) Heizungs- und Warmwasserkosten: EUR _____

b) Sonstige Betriebskosten: EUR _____

c) Damit insgesamt: EUR _____

Wenn sich die Betriebskosten ändern, können die monatlichen Vorauszahlungen durch den Vermieter mittels einer schriftlichen Mitteilung gemäß § 560 Abs. 4 BGB an den Mieter neu festgesetzt werden. Die neuen Vorauszahlungen sind ab Beginn des zweiten auf die Mitteilung folgenden Monats statt der alten Beträge zu zahlen.

(3) Die Abrechnung der tatsächlich aufgelaufenen Betriebskosten für das abgelaufene Jahr und die Verrechnung mit den Vorauszahlungen erfolgen einmal jährlich. Der Mieter ist berechtigt, in angemessener Zeit nach Zugang der Abrechnung die Unterlagen während der üblichen Geschäftszeiten bei dem Vermieter oder bei der vom Vermieter eingeschalteten Hausverwaltung einzusehen.

Eine etwaige Differenz auf Grund der Abrechnung zu Gunsten des Vermieters oder des Mieters ist innerhalb von einem Monat nach Zugang der Abrechnung zu zahlen. Im Falle des Auszugs eines Mieters während einer Abrechnungsperiode erfolgt die Verteilung der Betriebskosten bei der nächstfälligen Abrechnung im Verhältnis der Mietzeit zu der Abrechnungsperiode. Kosten für die Zwischenablesung und der Aufteilung des Verbrauches zwischen dem alten und neuen Mieter fallen dem ausziehenden Mieter zur Last, es sei denn der Auszug beruht auf einer berechtigten außerordentlichen Kündigung durch den Mieter.

Wenn öffentliche Abgaben neu eingeführt oder erhöht werden und sich dadurch die Betriebskosten erhöhen oder neue Betriebskosten entstehen, können diese vom Vermieter auf den Mieter umgelegt und angemessene monatliche Vorauszahlungen verlangt werden.

(4) Die abzurechnenden Betriebskosten werden auf die Mieter nach dem Folgenden Verteilungsschlüssel[80] umgelegt:

a. Kosten der Zentralheizung und der Warmwasserversorgung zu 70% nach dem durch Messung ermittelten tatsächlichen Verbrauch des jeweiligen Mieters und zu 30% der Kosten nach dem Verhältnis der Wohnflächen zur Gesamtfläche;

b. Kosten des Betriebs einer zentralen Brennstoffversorgungsanlage nach dem anteiligen und tatsächlich ermittelten Verbrauch des Mieters;

---

[80] Wenn es sich um eine Eigentumswohnung handelt, dann müssen Sie darauf achten, dass Sie den Verteilungsschlüssel für die Umlegung der Betriebskosten im Gleichlauf mit den Regelungen in der Eigentümergemeinschaft (Gemeinschaftsordnung und Teilungserklärung) ausgestalten. Sonst laufen Sie Gefahr, dass Sie nicht alle umlegbaren Betriebskosten wirksam auf den Mieter abwälzen. Darüber hinaus haben Sie den weiteren Nachteil, dass Sie die Zahlen der Hausverwaltung der Eigentümergemeinschaft für Ihren Anteil an den Betriebskosten nicht 1:1 als Grundlage für die Abrechnung mit dem Mieter verwenden können. Bitte beachten Sie auch, dass die auf die Mieter umlegbare Grundsteuer in der Abrechnung der Hausverwaltung der Eigentümergemeinschaft **nicht** enthalten ist. Sie sollten daher die Abrechnung der Betriebskosten gegenüber dem Mieter um diese Position ergänzen.

c. Kosten des Betriebs eines Personen- oder Lastenaufzugs nach dem Verhältnis der Wohnfläche. Ausgenommen davon sind die Erdgeschosswohnungen, die an diesen Kosten nicht beteiligt werden.

Alle anderen Kosten werden nach dem Verhältnis der Wohnflächen umgelegt.

Handelt es sich bei dem Mietgegenstand um eine Eigentumswohnung, so stimmt der Mieter hiermit einer Änderung des Verteilungsschlüssels der Betriebskosten auch für diesen Mietvertrag zu, wenn die Eigentümergemeinschaft eine Änderung des Verteilungsschlüssels beschließt oder wenn eine Änderung des Verteilungsschlüssels aus rechtlichen Gründen erforderlich ist soweit der Mieter durch eine solche Änderung nicht unbillig benachteiligt wird und soweit die Änderung nicht gegen zwingende Vorschriften der Heizkostenverordnung verstößt.

(5) Der Vermieter ist berechtigt, die Miete einschließlich der Nebenkosten im Rahmen der gesetzlichen Vorschriften zu erhöhen. Diese Regelung gilt auch für Mietverhältnisse auf bestimmte Zeit.

§ 3 Zahlung des Mietzinses und der Betriebskosten

(1) Die Miete und die anteiligen Betriebskostenvorauszahlungen sind monatlich im Voraus, spätestens am dritten Werktag des Monats (Zahlungseingang), an den Vermieter auf folgendes Konto zu überweisen:

Bank: _____

Kontoinhaber: _____

IBAN: _____

BIC: _____

(2) Bei Zahlungsverzug ist der Vermieter berechtigt, für jede schriftliche Mahnung pauschalierte Mahnkosten in Höhe von 10,00 EUR zu verlangen. Für rückständige Beträge schuldet der Mieter außerdem Verzugszinsen in Höhe von 5% über dem jeweiligen Basiszinssatz. Darüber hinaus kann bei Vorliegen der gesetzlichen Voraussetzungen eine außerordentliche Kündigung durch den Vermieter gerechtfertigt sein.

(3) Der Mieter ist auf Verlangen des Vermieters verpflichtet, ein SEPA Lastschriftmandat für den monatlichen Einzug der Miete und der Betriebskostenvorauszahlungen zu erteilen.

(4) Sofern die Miete durch Behörden gezahlt wird als Bestandteil eines Sozialleistungsbezuges, so ist der Mieter verpflichtet, die Behörde anzuweisen, die Miete direkt an den Vermieter zu zahlen.

§ 4 Dauer des Mietverhältnisses und Kündigungsverzichtsregelungen

Das Mietverhältnis beginnt am _____

und läuft auf unbestimmte Zeit. Es kann von beiden Vertragsparteien mit der gesetzlichen Kündigungsfrist ordentlich gekündigt werden.

Beide Vertragsparteien verzichten jedoch für einen Zeitraum von __ Jahren[81] ab Abschluss des Mietvertrags auf das Recht zur ordentlichen Kündigung des Mietvertrages. Frühestens zum Ablauf dieses Verzichtszeitraums kann das Mietverhältnis wieder mit der gesetzlichen Kündigungsfrist ordentlich gekündigt werden. Das Recht zur außerordentlichen Kündigung bleibt hiervon unberührt.[82]

Alternative:

Das Mietverhältnis beginnt am _____

und endet mit Ablauf des _____

---

[81] Der Kündigungsverzicht kann für maximal 4 Jahre wirksam vereinbart werden. Ich verweise dazu auf BGH, Urteil vom 8.12.2010 (VIII ZR 86/10) und BGH, Hinweisbeschluss vom 23.8.2016 (VIII ZR 23/16) – abrufbar unter https://www.bundesgerichtshof.de/

[82] Dieser Absatz dient zur Vereinbarung eines zeitlich befristeten Verzichts des Mieters auf die ordentliche Kündigung des Mietvertrages. Eine solche Vereinbarung dient in erster Linie den Interessen des Vermieters. Sie ist für einen Zeitraum von maximal 4 Jahren rechtlich zulässig. Falls eine solche Regelung nicht getroffen werden soll, ist dieser Absatz zu löschen.

Die zeitliche Befristung ist aus folgenden Gründen erforderlich:[83]

Für diese Laufzeit des Mietverhältnisses verzichten beide Parteien auf das Recht zur ordentlichen Kündigung. Das Recht zur außerordentlichen Kündigung bleibt hiervon unberührt.[84]

§ 5 Kaution

(1) Der Mieter ist verpflichtet, vor Übergabe des Mietgegenstandes zur Sicherung sämtlicher Ansprüche des Vermieters (insbesondere Mietrückstände und Schadensersatzforderungen wegen Beschädigungen des

---

[83] Der Zeitmietvertrag setzt voraus, dass die Befristung durch ein besonderes Interesse des Vermieters gerechtfertigt ist. Der Vermieter muss bei Abschluss des Mietvertrags die ernsthafte Absicht haben, das Mietobjekt einer der in § 575 BGB bezeichneten Verwendungen zuzuführen. Ein Interesse zur Befristung kann sich aus drei unterschiedlichen Gründen ergeben: künftige Eigennutzungsabsicht (Nr. 1), die künftige Abriss-, Umbau- oder Instandsetzungsabsicht (Nr. 2) und der künftige Betriebsbedarf (Nr. 3).

[84] Falls kein Ausschluss der Kündigungsmöglichkeit gewünscht ist, ist dieser Absatz zu löschen.

Mietgegenstandes) eine Kaution in Höhe[85] von €
_____ zu zahlen.

(2) Der Vermieter wird die Kaution getrennt von seinem sonstigen Vermögen bei einer Sparkasse oder Bank auf einem Konto zu üblichen Guthabenzinsen anlegen. Die auflaufenden Zinsen stehen dem Mieter zu, verbleiben aber auf dem Konto und sichern zusätzlich zu der Kaution die Ansprüche des Vermieters.

(3) Der Mieter ist während des Bestehens des Mietverhältnisses nicht berechtigt, laufende Forderungen für Miete und Betriebskosten mit der hinterlegten Kaution zu verrechnen. Die Kaution ist dem Mieter 6 Monate nach Beendigung des Mietverhältnisses und Auszug des Mieters einschließlich Zinsen zurückzuzahlen soweit diese nicht durch Verrechnung mit Ansprüchen des Vermieters gegen den Mieter aufgezehrt ist. Für noch offene Betriebskostenabrechnungen und erwartete Nachzahlungsansprüche gegen den Mieter darf der Vermieter auch über diese zeitliche Grenze hinaus einen angemessenen Teil der Kaution zurückhalten bis zur nächstfolgenden Abrechnung der Betriebskosten. Bei einer Mehrheit von Mietern ist der Vermieter berechtigt, die Kaution an einen Mieter seiner Wahl mit befreiender Wirkung gegenüber allen Mieter zurückzuzahlen.

(4) Bei einem Vermieterwechsel (z.B. im Falle des Verkaufs der Wohnung) ist der bisherige Vermieter nach

---

[85] Hier darf maximal der dreifache Betrag der Grundmiete ohne Betriebskostenvorauszahlung eingesetzt werden.

seiner freien Wahl und mit befreiender Wirkung gegenüber dem Mieter berechtigt, entweder die Kaution inklusive aufgelaufener Guthabenzinsen an den Mieter zurückzuzahlen oder diese an den neuen Vermieter zu zahlen. Für den Fall, dass einer von mehreren Mietern die Wohnung verlässt, ist der Vermieter nicht verpflichtet, die Kaution abzurechnen und einen Teil an den ausgezogenen Mieter auszuzahlen.

§ 6 Benutzung der Mietsache und Pflichten der Mieter

(1) Der Mieter darf die Mietsache nur zu den im Vertrag bestimmten Zwecken benutzen.

(2) Mit Rücksicht auf die Belange des Vermieters, die Gesamtheit der Mieter und im Interesse einer ordnungsgemäßen Bewirtschaftung des Hauses und der Wohnung bedarf der Mieter der vorherigen Zustimmung des Vermieters, wenn er

1. den Gebrauch des Mietgegenstandes oder eines Teils desselben entgeltlich oder unentgeltlich Dritten überlassen will;

2. den Mietgegenstand oder einen Teil desselben zu anderen als Wohnzwecken nutzen oder nutzen lassen will;

3. ein Schild, eine Aufschrift oder einen Gegenstand in gemeinschaftlichen Räumen, im oder am Haus oder auf dem Grundstück anbringen oder aufstellen will, soweit es sich nicht lediglich um die Beschriftung des

Briefkastens oder des Klingelschildes mit dem Namen des Mieters handelt;

4. ein Tier halten will. Der Vermieter darf die Zustimmung zur Tierhaltung nicht verweigern, wenn Belästigungen der Hausbewohner und Nachbarn sowie Beeinträchtigungen des Mietgegenstandes und des Grundstücks im konkreten Fall nicht zu erwarten sind. Die Zustimmung gilt nur für den konkreten Einzelfall und für ein bestimmtes Tier. Sie kann widerrufen werden, wenn sich später herausstellt, dass der Belästigungs- bzw. Beeinträchtigungsgrad deutlich größer ist, als bei objektiver Betrachtung zu erwarten war. Ohne Zustimmung des Vermieters dürfen kleinere Tiere (z.B. Ziervögel, Zierfische, Hamster oder Meerschweinchen) in den Wohnräumen gehalten werden, soweit sich die Anzahl der Tiere in den üblichen Grenzen hält und soweit nach der Art der Tiere und ihrer Unterbringung, Belästigungen von Hausbewohnern und Nachbarn sowie Beeinträchtigungen des Mietgegenstandes und des Grundstücks nicht zu erwarten sind.

5. in den Mieträumen, im Haus oder auf dem Grundstück ein Kraftfahrzeug, ein Moped oder ein Mofa abstellen will, es sei denn es handelt sich um einen mitvermieteten Stellplatz oder Tiefgaragenplatz. Reparaturarbeiten an Kraftfahrzeugen sind auf dem Grundstück nicht zulässig. Das gilt sowohl für vermietete Garagen und Stellplätze als auch für mit Zustimmung auf dem Grundstück abgestellte Kraftfahrzeuge des Mieters;

6. Um-, An- und Einbauten sowie Installationen (z.B. zusätzliche Heizungen oder Feuerstätten) oder andere Veränderungen am Mietgegenstand vornehmen will.

(3) Soweit und solange keine ausreichende Gemeinschaftsantenne und kein Breitbandkabelanschluss vorhanden sind, ist dem Mieter die Anbringung einer Einzelantenne oder einer Parabolantenne außerhalb der Mieträume gestattet. Die Anbringung hat im Einvernehmen mit dem Vermieter unter Beachtung der VDE- und der behördlichen Vorschriften fachmännisch zu erfolgen. Wenn nachträglich eine Gemeinschaftsantenne oder ein Breitbandkabelanschluss eingerichtet wird, hat der Mieter die Antenne auf seine Kosten zu entfernen und den alten Zustand wiederherzustellen.

(4) Der Mieter haftet ohne Rücksicht auf eigenes Verschulden für alle Schäden, die durch besondere Nutzungen der Mietsache nach den vorgenannten Bestimmungen während der Überlassung der Mietsache an den Mieter verursacht werden, auch wenn der Vermieter zugestimmt hat.

(5) Die Mieter sind im Rahmen der Hausgemeinschaft verpflichtet, im Wechsel mit anderen Mietern dafür Sorge zu tragen, dass Müllbehälter erforderlichenfalls am Tag der Leerung an die Straße gestellt und später wieder hereingeholt werden. Das gleiche gilt für die Beseitigung von Schnee und Eis im Winter auf Gehwegen auf dem Grundstück selbst und auf solchen öffentlichen Flächen vor dem Haus, für die der Vermieter die Räum- und Streupflicht hat. Der Vermieter ist berech-

tigt, einen Plan zu erstellen, der die Reihenfolge und den Umfang der Verantwortlichkeiten der Mieter verbindlich regelt. Soweit in der Stadt oder Gemeinde besondere Regelungen für die Mülltrennung bestehen, so ist der Mieter verpflichtet, diese Regelungen bei der Müllentsorgung zu beachten.

§ 7 Überlassung der Mietsache an Dritte

(1) Entsteht für den Mieter nach Abschluss des Mietvertrags ein berechtigtes Interesse, den Mietgegenstand oder einen Teil desselben einem Dritten zum Gebrauch zu überlassen, so kann er vom Vermieter die Zustimmung hierzu verlangen. Der Vermieter darf die Zustimmung verweigern, wenn in der Person des Dritten ein wichtiger Grund vorliegt, der Mietgegenstand übermäßig belegt würde oder dem Vermieter die Überlassung aus anderen Gründen nicht zugemutet werden kann. Ist dem Vermieter die Überlassung nur bei einer angemessenen Erhöhung des Mietzinses zuzumuten, so kann er die Zustimmung davon abhängig machen, dass der Mieter sich mit einer solchen Erhöhung des Mietzinses einverstanden erklärt.

(2) Der Vermieter ist zur fristlosen Kündigung berechtigt, wenn der Mieter ungeachtet einer schriftlichen Abmahnung den Mietgegenstand unbefugt einem Dritten ganz oder teilweise überlässt.

(3) Im Falle der Untervermietung, sonstigen Gebrauchsüberlassung an einen Dritten oder bei einer Nutzungsänderung haftet der Mieter gegenüber dem

Vermieter für sämtliche von den Dritten verursachten Schäden und Rechtsverletzungen auch dann, wenn der Vermieter zugestimmt hat.

(4) Verweigert der Vermieter die Zustimmung zur Überlassung des Mietgegenstandes oder eines Teils desselben an einen Dritten, so kann der Mieter den Mietvertrag unter Einhaltung der gesetzlichen Frist kündigen, sofern nicht in der Person des Dritten ein wichtiger Grund vorliegt, der zur Verweigerung der Zustimmung durch Vermieter berechtigt.

§ 8 Schönheitsreparaturen

(1) Die Schönheitsreparaturen während der Mietdauer übernimmt der Mieter auf eigene Kosten.

(2) Zu den Schönheitsreparaturen gehören das Tapezieren, Anstreichen oder Kalken der Wände und Decken, das Streichen der Heizkörper einschließlich der Heizrohre, der Innentüren sowie der Fenster und Außentüren von innen und die Reinigung der vom Vermieter gestellten Teppichböden. Bei Tapezierarbeiten sind die alten Tapeten zu entfernen und nicht überzukleben.

Die erforderlichen Schönheitsreparaturen sind je nach dem Grad der Abnutzung der Mieträume auszuführen. Im Allgemeinen werden Schönheitsreparaturen in folgenden Zeitabständen erforderlich sein:

In Küchen, Bädern, Duschen:	alle 3 Jahre
In Wohn- und Schlafräumen, Flu-	alle 5 Jahre

ren, Dielen u. Toiletten:

In anderen Nebenräumen: alle 7 Jahre

Diese Fristen beginnen mit dem Beginn des Mietverhältnisses zu laufen.

(3) Die Schönheitsreparaturen müssen fachgerecht ausgeführt werden. Die Farbgebung hat zum Ende des Mietverhältnisses dem üblichen Geschmacksempfinden zu entsprechen, d.h. es sind neutrale, helle und deckende Farben zu wählen, wenn der Mieter die Farbgebung nach Übernahme der Wohnung verändert hat. Kommt der Mieter seinen Verpflichtungen nicht nach, so kann der Vermieter nach fruchtlosem Verstreichen einer Aufforderung mit Fristsetzung zur Durchführung der Arbeiten Ersatz der Kosten verlangen, die zur Ausführung der Arbeiten erforderlich sind. Bei Nichterfüllung seiner Verpflichtungen hat der Mieter die Ausführung dieser Arbeiten während des Mietverhältnisses durch den Vermieter oder dessen Beauftragten zu dulden.

§ 9 Kleinstreparaturen und Bagatellschäden

Der Mieter ist verpflichtet, Kosten für kleinere Reparaturen an denjenigen Teilen des Mietgegenstandes zu tragen, die seinem direkten und häufigen Zugriff unterliegen (z.B. Rollläden, Lichtschalter, Schalter und Installationsgegenstände für Elektrizität, Wasser und Gas sowie Fenster- und Türverschlüsse). Die Kosten für jede einzelne Reparatur dürfen Euro 100 nicht übersteigen und der jährliche Reparaturaufwand darf nicht mehr als 6 % der Jahresnettomiete ohne Betriebskosten betragen.

§ 10 Mietminderung und Schadensersatz

(1) Der Mieter übernimmt den Mietgegenstand in dem Zustand bei Übergabe ohne Anspruch auf Veränderung, es sei denn, dass der Mieter sich bei der Übergabe ausdrücklich die Beseitigung von erkennbaren Mängeln vorbehalten hat.

(2) Der Vermieter haftet nicht verschuldensunabhängig für anfängliche Sachmängel. Diese Haftung wird ausgeschlossen. Im Übrigen bleibt der Mieter berechtigt, vom Vermieter Schadensersatz wegen Mängeln der Mietsache zu verlangen, soweit dem Vermieter Vorsatz oder grobe Fahrlässigkeit zur Last fällt. Dieser Haftungsausschluss gilt nicht für Schäden aus der Verletzung von Leben, Körper oder Gesundheit des Mieters.

(3) Wird der vermietete Wohnraum dem Mieter zur vereinbarten Zeit nicht zur Verfügung gestellt, so kann er nur dann Schadensersatz vom Vermieter fordern, wenn der Vermieter die Verzögerung zu vertreten hat infolge Vorsatzes oder grober Fahrlässigkeit. Das Recht des Mieters zur Mietminderung oder zur fristlosen Kündigung wegen nicht rechtzeitiger Gebrauchsgewährung bleibt von dieser Regelung unberührt.

(4) Ein Recht des Mieters zur Minderung der Miete ist ausgeschlossen, wenn er den Mangel zu vertreten hat oder wenn er den Mangel bereits bei Vertragsschluss kennt und sich die Beseitigung nicht vorbehalten hat.

Das gleiche gilt für solche Mängel, die dem Mieter bei Vertragsschluss infolge grober Fahrlässigkeit unbekannt geblieben sind, es sei denn, dass der Vermieter den Mangel arglistig verschwiegen oder die Mangelfreiheit zugesichert hat. Das Recht des Mieters zur Minderung entfällt auch dann, wenn im Laufe der Mietzeit am Mietgegenstand ein Mangel entsteht und der Mieter die unverzügliche Anzeige des Mangels an den Vermieter unterlässt und der Vermieter daher außerstande war, den Mietmangel zu beseitigen. In diesem Fall kann der Mieter für die Zeit bis zur Anzeige des Mangels keine Mietminderung beanspruchen. Eine Mietminderung ist auch für die ersten 3 Monate der Baumaßnahmen für eine energetische Modernisierung gemäß § 555b BGB ausgeschlossen.

(5) Es wird ausdrücklich festgehalten, dass die in zugänglich gemachten Energieausweisen enthaltenen Angaben nicht Bestandteil dieses Mietvertrages und vom Vermieter auch nicht zugesichert werden.

§ 11 Kündigung

(1) Der Mieter kann den Mietvertrag bis zum dritten Werktag eines Kalendermonats für den Ablauf des übernächsten Kalendermonats ordentlich kündigen, es sei denn, dass ein befristeter Kündigungsverzicht gemäß § 4 dieses Vertrages vereinbart worden ist. Das Kündigungsrecht des Vermieters richtet sich nach den gesetzlichen Vorschriften.

(2) Für die Rechtzeitigkeit der Kündigung kommt es auf den Zugang des Kündigungsschreibens beim Vermieter an.

(3) Die Kündigung ohne Einhaltung einer Kündigungsfrist (fristlose Kündigung) richtet sich sowohl für den Vermieter als auch für den Mieter nach den gesetzlichen Vorschriften und ergänzend nach diesem Vertrag.

(4) Sowohl die ordentliche als auch die außerordentliche Kündigung muss schriftlich erfolgen.

(5) Setzt der Mieter nach Beendigung des Mietverhältnisses die Nutzung des Mietgegenstandes entgegen seiner Verpflichtung zur Räumung fort, so wird das Mietverhältnis entgegen der Regelung des § 545 nicht stillschweigend verlängert oder neu begründet.

(6) Der Mieter ist verpflichtet, dem Vermieter vor dem Auszug seine neue Adresse mitzuteilen.

§ 12 Aufrechnung und Zurückbehaltung

(1) Der Mieter ist nur dann zur Aufrechnung gegen eine Mietzinsforderung mit einer Forderung aus §§ 536 a, 539 BGB auf Schadens- und Aufwendungsersatz wegen Mängeln der Mieträume oder einem Anspruch auf Rückzahlung zu viel gezahlter Miete berechtigt, wenn er dies dem Vermieter mindestens einen Monat vor der Fälligkeit in Textform angezeigt hat.

(2) Im Übrigen kann der Mieter nur aufrechnen, wenn seine Gegenforderungen unbestritten oder rechtskräftig festgestellt sind.

(3) Das Leistungsverweigerungsrecht aus § 320 BGB bleibt unberührt, kann aber nur für solche Gegenforderungen des Mieters geltend gemacht werden, die auf dem Mietverhältnis beruhen.

§ 13 Haushaltsmaschinen, Rauchwarnmelder

(1) Der Mieter ist berechtigt, in den Mieträumen Haushaltsmaschinen (z.B. Wasch- und Geschirrspülmaschinen, Trockenautomaten) aufzustellen, wenn und soweit die Kapazität der vorhandenen Installationen ausreicht und Belästigungen der Hausbewohner und Nachbarn sowie Beeinträchtigungen der Mietsache und des Grundstücks nicht zu erwarten sind.

(2) Die Betriebsbereitschaft der gesetzlich vorgeschriebenen und installierten Rauchwarnmelder hat der Mieter sicherzustellen, es sei denn, dass diese Pflicht ausdrücklich vom Vermieter übernommen worden ist und die jährlich entstehenden Kosten über die Betriebskostenabrechnung auf den Mieter umgelegt werden.

§ 14 Instandhaltung und Mieterpflichten

(1) Der Mieter verpflichtet sich, die Mietsache und die zur gemeinschaftlichen Benutzung bestimmten Räume, Einrichtungen und Anlagen schonend und pfleglich zu behandeln. Er hat für die ordnungsgemäße Reinigung der Mietsache und für ausreichende Lüftung und Heizung der ihm überlassenen Räume zu sorgen.

(2) Zeigt sich ein nicht nur unwesentlicher Mangel der Mietsache oder wird eine Vorkehrung zum Schutze der Mietsache oder des Grundstückes gegen eine nicht vorhergesehene Gefahr erforderlich, so hat der Mieter dies dem Vermieter unverzüglich mitzuteilen.

(3) Der Mieter haftet für Schäden, die durch schuldhafte Verletzung der ihm obliegenden Sorgfalts- und Anzeigepflicht entstehen, wenn technische Anlagen und andere Einrichtungen unsachgemäß behandelt oder wenn die überlassenen Räume nur unzureichend gelüftet, geheizt oder gegen Frost geschützt werden. Insoweit haftet der Mieter auch für das Verschulden von Familienangehörigen, Hausangestellten, Untermietern und Personen, die sich mit seinem Willen in der Wohnung aufhalten oder ihn aufsuchen. Der Mieter hat zu beweisen, dass ein Verschulden nicht vorgelegen hat, wenn feststeht, dass die Schadensursache in dem durch die Benutzung der Mietsache abgegrenzten räumlich-gegenständlichen Bereich liegt. Diese Beweislastregelung gilt nicht für Schäden an Gemeinschaftsräumen, Gemeinschaftseinrichtungen und Gemeinschaftsanalgen, die von mehreren Mietern benutzt werden.

(4) Der Vermieter wird die ihm obliegenden Instandhaltungsarbeiten nach pflichtgemäßem Ermessen ausführen. Verzögert sich die Ausführung der Arbeiten, so ist der Mieter nicht berechtigt, den Mangel auf Kosten des Vermieters selbst zu beseitigen. Schadensersatz kann er nur fordern, wenn der Gebrauch der Mietsache nicht nur unerheblich gemindert ist und wenn der Vermieter die Verzögerung zu vertreten hat. Das Recht des

Mieters zur Mietminderung bleibt bei Vorliegen der gesetzlichen Voraussetzungen unberührt.

§ 15 Elektrizität, Gas, Wasser

(1) Die vorhandenen Leitungsnetze für Elektrizität, Gas und Wasser dürfen vom Mieter nur in dem Umfang in Anspruch genommen werden, dass keine Überlastung eintritt. Einen eventuellen Mehrbedarf kann der Mieter durch Erweiterung der Zuleitung auf eigene Kosten nach vorheriger Zustimmung des Vermieters decken.

(2) Bei Störung und Schäden an der Versorgungsleitung hat der Mieter für sofortige Abschaltung zu sorgen. Er ist darüber hinaus verpflichtet, den Vermieter oder den von ihm beauftragten Verwalter sofort zu benachrichtigen.

(3) Bei Unterbrechung der Strom-, Gas- und Wasserversorgung oder Entwässerung durch einen vom Vermieter nicht zu vertretenden Umstand hat der Mieter keine Schadensersatzansprüche gegen den Vermieter.

§ 16 Bauliche Veränderungen durch den Vermieter

(1) Der Mieter hat Maßnahmen des Vermieters, die zur Erhaltung des Mietgegenstandes erforderlich sind, sowie Maßnahmen zur Verbesserung der gemieteten Räume oder sonstiger Teile des Gebäudes zur Einsparung von Energie oder Wasser oder zur Schaffung neu-

en Wohnraums nach Maßgabe der §§ 555a bis 555f BGB zu dulden. Der Mieter hat dabei die in Betracht kommenden Räume nach vorheriger Terminabsprache zugänglich zu halten und darf die Ausführung der Arbeiten nicht schuldhaft behindern oder verzögern. Andernfalls haftet er für die hierdurch entstehenden Schäden.

(2) Soweit der Mieter die Arbeiten zu dulden hat, kann er weder den Mietzins mindern noch ein Zurückbehaltungsrecht ausüben oder Schadensersatz verlangen. Ein Minderungsrecht steht dem Mieter jedoch für den Fall zu, dass die Maßnahmen des Vermieters den Gebrauch der Mieträume ganz ausschließen, erheblich beeinträchtigen oder zu besonderen Belästigungen des Mieters führen. Ausgenommen davon sind die ersten 3 Monate der Umsetzung einer energetischen Modernisierung gemäß § 555b BGB für die eine Minderung in jedem Falle ausgeschlossen ist.

§ 17 Bauliche Änderungen durch den Mieter

(1) Bauliche Änderungen durch den Mieter dürfen nur nach vorheriger schriftlicher Zustimmung des Vermieters vorgenommen werden. Der Mieter hat die Kosten der baulichen Änderungen zu tragen und er bleibt auch bei erteilter Zustimmung des Vermieters verantwortlich für die Einholung etwaiger bauaufsichtsrechtlicher Genehmigungen und Abnahmen. Sämtliche Bauarbeiten sind durch anerkannte Fachfirmen ausführen zu lassen.

(2) Der Mieter haftet für alle Schäden, die im Zusammenhang mit den von ihm vorgenommenen Baumaßnahmen entstehen.

§ 18 Betreten der Mietsache durch den Vermieter

(1) Dem Vermieter und/oder dem von ihm beauftragten Verwalter steht die Besichtigung des Mietgegenstandes nach rechtzeitiger Ankündigung zu angemessener Tageszeit frei. Zur Abwendung drohender Gefahren darf der Vermieter oder der von ihm beauftragte Verwalter die Mieträume auch ohne vorherige Ankündigung zu jeder Tages- und Nachtzeit betreten.

(2) Bei längerer Abwesenheit des Mieters ist sicherzustellen, dass die Rechte des Vermieters, die Mieträume nach Maßgabe des vorstehenden Absatzes zu betreten oder durch einen beauftragten Verwalter betreten zu lassen, rechtzeitig ausgeübt werden können.

§ 19 Rückgabe der Mietsache

(1) Bei Ende des Mietvertrages hat der Mieter die Mietsache vollständig geräumt und sauber zurückzugeben. Alle Schlüssel, auch vom Mieter selbst beschaffte oder nachgemachte, sind dem Vermieter zu übergeben. Der Mieter haftet für alle Schäden, die dem Vermieter oder einem Mietnachfolger aus der Verletzung dieser Pflicht entstehen.

(2) Vom Mieter eingebrachte Einrichtungen darf er wegnehmen. Der Vermieter kann die Ausübung des

Wegnahmerechtes jedoch durch Zahlung einer angemessenen Entschädigung abwenden, es sei denn, dass der Mieter ein berechtigtes Interesse an der Wegnahme hat.

(3) Hat der Mieter bauliche Veränderungen an der Mietsache vorgenommen oder sie mit Einrichtungen versehen, so ist er auf Verlangen des Vermieters verpflichtet, bei Ende des Mietvertrags auf seine Kosten den ursprünglichen Zustand wiederherzustellen, es sei denn, dass zuvor etwas anderes zwischen den Mietvertragsparteien schriftlich vereinbart worden ist.

(4) Setzt der Mieter den Gebrauch des Mietgegenstandes trotz Beendigung des Mietvertrages und trotz Verpflichtung zur Räumung fort, so gilt das Mietverhältnis nicht als verlängert. § 545 BGB findet keine Anwendung. Der Mieter schuldet jedoch bei einer verspäteten Rückgabe der Mietsache in jedem Falle eine Entschädigung. Das gilt auch dann, wenn der Mieter in dieser Zeit von ihm geschuldete Schönheitsreparaturen oder Schadensbeseitigungen durchführt. Die Entschädigung fällt ohne Verpflichtung des Vermieters zur Erbringung eines Nachweises mindestens in Höhe des zeitanteiligen Mietzinses des abgelaufenen Mietvertrages an. Der Nachweis eines höheren Schadens durch den Vermieter bleibt vorbehalten.

§ 20 Personenmehrheit als Mieter

(1) Haben mehrere Personen (z.B. Ehegatten oder Lebenspartner) zusammen den Mietgegenstand gemie

tet, so haften sie für alle Verpflichtungen aus dem Mietverhältnis als Gesamtschuldner.

(2) Erklärungen, deren Wirkung die Mieter berühren, müssen von und gegenüber allen Mietern abgegeben werden. Die Mieter bevollmächtigen sich mit Unterzeichnung dieses Mietvertrages gegenseitig zur Entgegennahme oder Abgabe solcher Erklärungen. Diese Vollmacht gilt auch für die Entgegennahme von Kündigungen, nicht jedoch für den Ausspruch von Kündigungen durch einen Mieter oder zum Abschluss von Aufhebungsverträgen.

(3) Durch den Auszug eines oder mehrerer Mieter wird die gesamtschuldnerische Mitverpflichtung für die Pflichten der Mieter nicht beendet. Eine Entlassung aus der gesamtschuldnerischen Mitverpflichtung ist nur bei entsprechender vertraglicher Vereinbarung mit dem Vermieter wirksam, die der Schriftform bedarf.

§ 21 Hausordnung

(1) Vermieter und Mieter verpflichten sich zur Wahrung des Hausfriedens und zur gegenseitigen Rücksichtnahme.

(2) Zur Aufrechterhaltung der Ordnung im Hause und für die Benutzung der Gemeinschaftsanlagen gilt die diesem Vertrag als Anlage beigefügte Hausord-

nung.[86] Sie kann vom Vermieter geändert werden, wenn dringende Gründe dies erfordern. Das ist insbesondere dann anzunehmen, wenn die Hausordnung durch die Eigentümergemeinschaft wirksam geändert wird.

§ 22 Salvatorische Klausel

Sollten einzelne Klauseln dieses Vertrags unwirksam sein, bleibt der Vertrag im Übrigen wirksam. Stellt sich heraus, dass eine Regelung dieses Vertrages gegen zwingende gesetzliche Bestimmungen verstößt, tritt an die Stelle der unwirksamen Regelung der Inhalt der gesetzlichen Bestimmung.

(Ort, Datum)   (Ort, Datum)

- - - - - - - - - -   - - - - - - - - - - - - - - - -

- - - - - - - - - -   - - - - - - - - - - - - - - - -

(Unterschrift Vermieter) (Unterschrift Mieter)

---

[86] Wenn es sich um eine Eigentumswohnung handelt, wird mit hoher Wahrscheinlichkeit eine Hausordnung von der Eigentümergemeinschaft beschlossen worden sein. Zweckmäßigerweise sollte diese dann zur Anlage des Mietvertrages gemacht werden, um die Pflichten 1:1 auf den Mieter abzuwälzen und den Mieter nahtlos in die Hausgemeinschaft einzubinden.

2. MIETVERTRAG FÜR GARAGE / STELLPLATZ

Zwischen

Name   _____

Straße, Nr.   _____

PLZ   _____ Ort _____

(im folgenden „Vermieter" genannt)

und

Name   _____

Straße, Nr.   _____

PLZ   _____ Ort _____

(im folgenden „Mieter" genannt) Vorname

wird folgender Mietvertrag geschlossen:

§ 1 Mietgegenstand

Der Vermieter vermietet dem Mieter zum Abstellen

eines Pkw oder eines Motorrades eine Garage/einen Stellplatz (unzutreffendes streichen) auf dem Grundstück in

PLZ   _ _ _ _ _ _ _ _ _ _ _ _ _ _ Ort _ _ _ _ _ _ _ _ _

Straße, Nr.   _

Garage bzw. Stellplatz mit der Nr. _ _ _ _ _ _ _ _ _ _ _ _ _ _

§ 2 Mietzeit

Das Mietverhältnis beginnt am _ _ _ _ _ _ _ _ _ _ _ _ _ _

und läuft

☐ auf unbestimmte Zeit

☐ bestimmte Zeit

und zwar vom _ _ _ _ _ _ _ _ bis zum _ _ _ _ _ _ _ _ _ _ _ _

§ 3 Miete

Die Miete beträgt monatlich EUR _ _ _ _ _ _ _ _ _ _ _ _

(inklusive Nebenkosten). Die Miete ist monatlich im Voraus spätestens am dritten Werktag eines Monats (Zahlungseingang) auf folgendes Konto zu überweisen:

Bank: _

Kontoinhaber: _

IBAN: _

BIC: _

§ 4 Kündigung

Das Mietverhältnis kann von jeder Partei zum Ende des übernächsten Kalendermonats gekündigt werden. Die Kündigung hat spätestens am dritten Werktag eines Kalendermonats schriftlich zu erfolgen.

Der Vermieter ist insbesondere zur fristlosen Kündigung berechtigt, wenn

— der Mieter im Zahlungsverzug ist, der einen Betrag von mindestens zwei Monatsmieten übersteigt.
— oder der Mieter das Objekt vertragswidrig nutzt (z.B. unerlaubt an eine andere Person überläßt).

§ 5 Haftung

Die Abstellung des Fahrzeuges auf der vermieteten Fläche erfolgt auf eigene Gefahr des Mieters. Der Mieter haftet für Verunreinigungen durch Öl oder Benzin sowie für alle Schäden, die bei der Benutzung der Garage/des Stellplatzes schuldhaft verursacht werden.

§ 6 Benutzung der Mietsache

Eine andere Nutzung der Mietsache als zu den in § 1 bestimmten Zwecken ist nur mit vorheriger schriftlicher Zustimmung des Vermieters gestattet. Dies gilt insbesondere für eine Untervermietung oder eine unentgeltliche Gebrauchsüberlassung an Dritte.

Bei der Benutzung der Garage/des Stellplatzes ist der Mieter verpflichtet, die einschlägigen sicher- heitsrechtlichen Vorschriften über die Lagerung von brennbaren Gegenständen zu beachten und die allgemein übliche Sorgfalt zu beachten.

§ 7 Instandhaltung der Mietsache

Der Mieter hat für die Reinigung und Sauberhaltung der Garage/des Stellplatzes zu sorgen. Zeigt sich ein erheblicher Mangel der Mietsache oder wird eine Vorkehrung zum Schutze der Mietsache gegen eine nicht akute Gefahr erforderlich, so hat der Mieter den Vermieter unverzüglich zu informieren.

§ 8 Schlüssel

Der Mieter erhält ___ Sätze Schlüssel zu der Garage bzw. zur Absperrvorrichtung des Stellplatzes. Von den erhaltenen Schlüsseln darf der Mieter ohne Zustimmung des Vermieters keine weiteren Schlüssel anfertigen lassen. Der Verlust eines oder mehrerer Schlüssel ist dem Vermieter unverzüglich mitzuteilen. Kosten, die durch den Verlust des Schlüssels entstehen, trägt der Mieter.

§ 9 Beendigung des Mietverhältnisses

Bei Beendigung des Mietverhältnisses hat der Mieter die Garage/den Stellplatz vollständig geräumt, gereinigt und mit sämtlichen, ihm überlassenen und von ihm zusätzlich beschafften Schlüsseln zurück zu geben. Vom Mieter eingebrachte Einrichtungen und Gegenstände sind zu entfernen.

§ 10 Personenmehrheit als Mieter

Sind mehrere Personen (z.B. Eheleute) Mieter, so haften sie für alle Verpflichtungen aus dem Mietverhältnis als Gesamtschuldner. Bezüglich etwaiger Ansprüche, die sich aus dem Mietverhältnis ergeben, sind sie Gesamtgläubiger.

§ 11 Selbständigkeit des Mietvertrages

Für den Fall, dass zwischen den Parteien dieses Vertrages noch ein Wohnraummietverhältnis besteht oder ein solches später begründet wird, wird vereinbart, dass beide Vertragsverhältnisse voneinander unabhängig sind. Die Vorschriften des Wohnraummietrechts finden auf diese Mietvertrag über eine Garage/einen Stellplatz keine Anwendung.

§ 12 Nebenabreden

Mündliche Nebenabreden bestehen nicht. Änderungen und Ergänzungen dieses Vertrages bedürfen zu ihrer Wirksamkeit der Schriftform.

(Ort, Datum)   (Ort, Datum)

--------------   --------------------

--------------   --------------------

(Unterschrift Vermieter)   (Unterschrift Mieter)

3. MIETERSELBSTAUSKUNFT

Angaben zum Mietobjekt: _____

_____

_____

Möglicher Mietbeginn: _____

Gewünschter Mietbeginn: _____

Nettokaltmiete: _____

Betriebskostenvorauszahlungen: _____

Kaution: _____

Mietinteressent/in Nr. 1

Name, Vorname_____

Geburtsdatum _____

Familienstand _____

Derzeitige Anschrift_____

Telefon privat _____

Telefon mobil_____

E-Mail-Adresse _____

bisheriger Vermieter _____

Anschrift, Telefon _____

E-Mail-Adresse _____

derzeitiger Arbeitgeber _____

Anschrift, Telefon _____

Ungekündigt beschäftigt seit _____

Ausgeübter Beruf _____

Erlernerter Beruf _____

selbstständig als _____

monatliches Nettoeinkommen in € _____

(bitte Nachweis beifügen)

Bankverbindung _____

Konto-Nr._____

BLZ _____

IBAN _____

Personalausweisnummer_____

Mietinteressent/in Nr. 2

Name, Vorname _____

Geburtsdatum _____

Familienstand _____

Derzeitige Anschrift _____

Telefon privat _____

Telefon mobil _____

E-Mail-Adresse _____

bisheriger Vermieter _____

Anschrift, Telefon _____

E-Mail-Adresse _____

derzeitiger Arbeitgeber _____

Anschrift, Telefon _____

Ungekündigt beschäftigt seit _____

Ausgeübter Beruf _____

Erlernerter Beruf _____

selbstständig als _____

monatliches Nettoeinkommen in € _____

(bitte Nachweis beifügen)

Bankverbindung _____

Konto-Nr. _____

BLZ _____

IBAN _____

Personalausweisnummer _____

Zum Haushalt gehörende Kinder, Verwandte, Haus-
angestellte oder sonstige Mitbewohner:

Name, Vorname _____

Verwandtschaftsgrad _____

Geburtsdatum _____

monatliches Nettoeinkommen in € _____

Ich / wir erkläre(n) hiermit der Wahrheit entsprechend Folgendes:

a) In die Wohnung werden _____ Personen einziehen. Es bestehen keinerlei Absichten oder Gründe, weitere Personen in die Wohnung aufzunehmen oder eine Wohngemeinschaft zu gründen.

b) Ich / wir habe(n) folgende Haustiere: _____

_____

c) Die Wohnung wird nicht gewerblich genutzt.

d) Mein/unser derzeitiges Mietverhältnis besteht seit

_____

Mein/unser derzeitiges Mietverhältnis wurde bereits gekündigt durch uns/durch unseren Vermieter (nicht zutreffendes streichen) wegen

(Angabe Kündigungsgrund) _____

_____

e) Über die derzeit von mir/uns bewohnte Wohnung war/ist ein/kein (nicht zutreffendes streichen) Rechtsstreit anhängig.

f) Es bestehen laufende, regelmäßige Zahlungsverpflichtungen aus:

Finanzkäufe in Höhe von € _ _ _ _ _ _ _ _ _ _ _ _ _ _ _ _ _

monatlich bis zum _

Darlehensverpflichtungen in Höhe von € _ _ _ _ _ _

monatlich bis zum _

Sonstige Verpflichtungen in Höhe von € _ _ _ _ _ _

monatlich.

g) Ich/wir habe(n) in den letzten drei Jahren weder eine eidesstaatliche Versicherung zu einer Vermögensauskunft abgegeben, noch erging ein Haftbefehl, noch ist ein solches Verfahren anhängig.

h) Über mein/unser Vermögen wurde in den letzten fünf Jahren kein Insolvenzverfahren eröffnet bzw. die Eröffnung mangels Masse abgewiesen. Solche Verfahren sind derzeit auch nicht anhängig.

i) Ich bin/wir sind in der Lage, eine Kaution in Höhe von 3 Monatskaltmieten (= € _ _ _ _ _ _ _ _ _ _ _ _ _ _ _ _ _ _)

zu leisten und die geforderte Miete laufend zu zahlen.

j) Eine SCHUFA-Auskunft über meine/unsere finanziellen Verhältnisse ist beigefügt.

Ich/wir bin/sind uns darüber im Klaren, dass meine/unsere Angaben Geschäftsgrundlage für einen etwaigen Abschluss eines Mietvertrages sind. Ich/wir akzeptiere(n) und erkenne(n) an, dass fahrlässig oder vorsätzlich falsche Angaben in dieser Mieterselbstauskunft den Vermieter zur fristlosen Kündigung eines Mietverhältnisses berechtigen.

(Ort, Datum) _

_ _

Unterschriften sämtlicher Mietinteressenten

4. MUSTERHAUSORDNUNG[87]

Diese Hausordnung regelt das Zusammenleben aller Mitbewohner des Hauses verbindlich. Sie enthält Rechte und Pflichten. Sie gilt für alle Bewohner (einschließlich der Mitbewohner von Mietern).

Ohne eine gewisse Ordnung ist das Zusammenleben unter einem Dach nicht möglich. Alle werden sich nur dann wohl fühlen, wenn alle Hausbewohner aufeinander Rücksicht nehmen.

Lärm

— Jeder Mieter ist dafür verantwortlich, dass vermeidbarer Lärm in der Wohnung, im Treppenhaus, im Hof und auf dem Grundstück unterbleibt. Besondere Rücksichtnahme ist in der Zeit von 13.00 bis 15.00 Uhr sowie zwischen 22.00 Uhr und 6.00 Uhr geboten. Stereoanlagen, Radios und Fernseher sind auf Zimmerlautstärke einzustellen.
— Das Spielen von Instrumenten ist während der Mittagsruhe (13.00 bis 15.00 Uhr) und zwischen 21:00 Uhr abend und 8:00 Uhr morgens grundsätzlich un-

---

[87] Es ist zu empfehlen, die Musterhausordnung als Anlage zum Mietvertrag zu nehmen und dem Mieter diese zusammen mit dem unterschriebenen Vertrag auszuhändigen. Ich verweise dazu auf § 21 des oben abgedruckten Mustermietvertrages.

tersagt. In den anderen Zeiten darf nicht länger als zwei Stunden am Tag musiziert werden.

Kinder

— Den Spielbedürfnissen von Kindern ist in angemessener Weise Rechnung zu tragen. Insbesondere dürfen sie auf den dafür vorgesehenen Flächen spielen. Aus Sicherheitsgründen dürfen sich Kinder nicht unbeaufsichtigt im Keller, in der Tiefgarage oder anderen Gemeinschaftsräumen aufhalten.

— Unter Sicherheitsaspekten sind Haustüren, Kellereingänge und Hoftüren in der Zeit von 22.00 bis 6.00 Uhr abgeschlossen zu halten.

— Haus- und Hofeingänge, Treppen und Flure sind als Fluchtwege grundsätzlich freizuhalten.

— Das Lagern von feuergefährlichen, leicht entzündbaren sowie Geruch verursachenden Stoffen im Keller oder auf dem Dachspeicher ist untersagt.

— Bei Undichtigkeiten und sonstigen Mängeln an den Gas- und Wasserleitungen sind sofort das zuständige Versorgungsunternehmen und der Vermieter zu benachrichtigen. Wird Gasgeruch in einem Raum bemerkt, darf dieser nicht mit offenem Licht betreten werden. Elektrische Schalter sind nicht zu betätigen. Die Fenster sind zu öffnen, der Hauptabsperrhahn ist sofort zu schließen.

— Keller-, Speicher- und Treppenhausfenster sind in der kalten Jahreszeit geschlossen zu halten. Dachfenster sind bei Regen und Unwetter zu verschließen und zu verriegeln.

Reinigung

— Haus und Grundstück sind in einem sauberen und reinen Zustand zu erhalten. Nach einem vom Vermieter aufgestellten Reinigungsplan müssen die Mieter abwechselnd Flure, Treppen, Fenster und Dachbodenräume, Zugangswege außerhalb des Hauses, den Hof, den Standplatz der Müllgefäße und den Bürgersteig vor dem Haus reinigen, es sei denn dass dafür eine professioneller Reinigungsservice vom Hausverwalter im Namen der Hausgemeinschaft beauftragt worden ist.

— Der im Haushalt anfallende Müll darf nur in die dafür vorgesehenen Mülltonnen und Container entsorgt werden. Auf eine konsequente Trennung des Mülls ist zu achten. Sondermüll und Sperrgut gehören nicht in diese Behälter. Sie sind gmeäß den kommunalen Regelungen der Gemeinde gesondert zu entsorgen.

— Blumenbretter und Blumenkästen müssen am Balkon oder auf der Fensterbank sicher angebracht werden. Beim Gießen von Blumen ist darauf zu achten, dass das Wasser nicht an der Hauswand herunter läuft und auf die Fenster und Balkone anderer Mieter tropft.

Lüften

— Die Wohnung ist auch in der kalten Jahreszeit ausreichend zu lüften. Dies erfolgt durch möglichst kurzfristiges, aber ausreichendes Öffnen der Fenster.

Die Wohnung und insbesondere die Küche dürfen nicht zum Treppenhaus hin entlüftet werden.

Fahrzeuge

— Das Abstellen von PKW oder Motorrädern auf dem Hof, den Gehwegen und den Grünflächen ist nicht gestattet. Sie dürfen auf dem Grundstück weder gewaschen noch dürfen Ölwechsel und Reparaturen durchgeführt werden.

— Beim Befahren der Garageneinfahrten und Parkplätze ist grundsätzlich mit angemessener Geschwindigkeit zu fahren.

— Das Abstellen von Fahrrädern ist grundsätzlich nur auf den dafür vorgesehenen Flächen und im Fahrradkeller gestattet.

Haustiere

— Haustiere dürfen nicht unbeaufsichtigt in den Außenanlagen, im Treppenhaus oder anderen Gemeinschaftseinrichtungen sein. Verunreinigungen sind sofort zu entfernen.

5. ÜBERGABEPROTOKOLL[88]

Vor- und Zuname Mieter: _ _ _ _ _ _ _ _ _ _ _ _ _ _ _ _ _ _

Adresse der Wohnung: _ _ _ _ _ _ _ _ _ _ _ _ _ _ _ _ _ _

Datum Übergabe:

☐ vor dem Einzug

☐ vor dem Auszug

Bei der Wohnungsbesichtigung am _ _ _ _ _ _ _ _ _ _

wurden

☐ keine

☐ folgende Mängel festgestellt:

	Mangel-frei	Mängel	Bemerkungen
Küche	☐ ja		
Diele/Flur	☐ ja		
Bad/WC	☐ ja		
2. Bad/WC	☐ ja		
Balkon	☐ ja		
Schlafzimmer	☐ ja		
Kinderzimmer	☐ ja		
Arbeitszimmer	☐ ja		

[88] Ein solches Protokoll sollten Sie sowohl beim Einzug als auch beim Auszug des Mieters erstellen.

Garage	☐ ja		
Keller	☐ ja		
Weitere Räume	☐ ja		

DOKUMENTATION ZÄHLERSTÄNDE

Strom

Zählernummer: _____

Stand: _____

Gas

Zählerstand: _____

Stand: _____

Wasser

Zählerstand: _____

Stand: _____

Heizung

Zählerstand: _____

Stand: _____

Bemerkungen/Sonstiges:

Es wurden _____ Wohnungsschlüssel übergeben.

Es fehlen noch _____ Wohnungsschlüssel.

☐ Hausschlüssel

☐ Sonstige Schlüssel (Briefkasten, Keller)

Letzte durchgeführte Renovierung: _____

Ort, Datum: _____

Vermieter: _____
(Unterschrift)

Mieter: _____
(Unterschrift)

Zeuge(n): _____
(Name/Anschrift)

_____
(Unterschrift)

6. NEBENKOSTENABRECHNUNG

Der Vermieter einer Wohnung hat die Nebenkostenabrechnung innerhalb von 12 Monaten nach Ablauf des Kalenderjahres durchzuführen und dem Mieter zuzustellen.[89] Tut er das nicht, kann er keine Nachzahlungen vom Mieter verlangen.

Der Mieter kann Einwendungen gegen die Nebenkostenabrechnung nur innerhalb von 12 Monaten nach Zugang derselben geltend machen.[90] Versäumt der Mieter diese Frist, ist er auch mit Einwendungen gegen solche Nebenkosten ausgeschlossen, die eigentlich nicht umlagefähig sind.[91]

---

[89] Das ist in § 556 Abs. 3 BGB geregelt.

[90] Das ist in § 556 Abs. 3 BGB geregelt.

[91] Ich verweise dazu auf BGH, Urteil vom 11.5.2016 (VIII ZR 209/15) - abrufbar unter
https://www.bundesgerichtshof.de/

(Name und Adresse des Vermieters)

(Name und Adresse des Mieters/der Mieter)

(Ort), den_____(Datum)

Sehr geehrte(r) Herr/Frau _____ ,

Nachfolgend erhalten Sie die Nebenkostenabrechnung für die Räume im Objekt :

Straße, Nr.   _____

Etage   _____ rechts/links

PLZ   _____ Ort_____

Abrechnungszeitraum: _____ bis _____

Ihr Nutzungszeitraum: _____ bis _____

Betriebskostenart	Betrag in €	* U	Ihr Anteil in €
A. Gemeinstrom			
B. Heizung, Warmwasser			
C. Abfallbeseitigung			

D. Frischwasser, Abwasser incl. Zählermiete			
E.Schornsteinreinigung, Immissionsmessungen			
F. Betriebskosten Aufzug			
G. Gartenpflege			
H. Grundsteuer			
I. Hausmeisterservice			
K. Gebäudereinigung, Kammerjäger			
L. Gebäudeversicherung, Sach- und Haftpflichtversicherungen			
M. Straßenreinigung			
N. Einrichtungen für Wäschepflege			
O. Breitbandkabel, Gemeinschaftsantennenanlage			
P. Sonstige Betriebskosten:			
- Feuerlöscherwartung			
- Wartung Elektroinstallation			
Gesamtkosten			

* U = Umlageschlüssel:

1 = Wohnfläche (Anteil Fläche an Gesamtfläche)

2 = Personenmonate

4 = direkte Zuordnung zur Wohnung

5 = Miteigentumsanteil

6 = Einzelabrechnung

7 = gemessener Verbrauch über Zählerstände

Die Miteigentumsanteile betragen insgesamt

_____

Die auf Ihre Wohnung entfallenden Miteigentumsanteile betragen

_____

Die Anzahl der Einheiten im Haus beträgt

_____

Die Gesamtwohnfläche des Hauses beträgt

m^2 _____

Die Fläche Ihrer Wohnung beträgt

m^2 _____

Die Gesamtanzahl der Personenmonate* im Haus beträgt _____

Die Anzahl der Personenmonate in Ihrer Wohnung beträgt _____

*Personenmonate = Personenzahl aller in der Wohnung lebenden Personen multipliziert mit der Anzahl der Monate, in denen diese Personen während der Abrechnungszeit im Haus gewohnt haben.

Angaben zu Messeinheiten und Zählerständen

Gemeinschaftswasser

Zähler Nr./Ort _____

Stand alt _____

Stand neu _____

Verbrauch _____

Gemeinschaftsstrom

Zähler Nr./Ort _____

Stand alt _____

Stand neu _____

Verbrauch _____

Gemeinschaftsgas

Zähler Nr./Ort _____

Stand alt _____

Stand neu _____

Verbrauch _____

Der auf Ihre Wohnung entfallende Anteil beträgt

Ihre monatlichen Vorauszahlungen betrugen

- für Heizung/Warmwasser _____ €

- für alle sonstigen Kosten _____ €

Ihr Betriebskostenanteil beträgt _ _ _ _ _ _ _ _ _ _ _ €

Ihr Gesamtvorauszahlungen betrugen _ _ _ _ _ _ _ €

Daraus errechnet sich folgende/s Nachzahlung/Guthaben _ €

Dieser Betrag ist spätestens innerhalb von 30 Tagen seit Rechnungslegung zu zahlen. Ein Guthaben wird Ihnen unaufgefordert auf Ihr Konto überwiesen.

Die künftigen monatlichen Vorauszahlungen betragen ab _ €

Ich weise darauf hin, dass Sie nach vorheriger Anmeldung das Recht zur Einsicht in die zugrunde liegenden Belege haben. Um unverzügliche Überprüfung der Abrechnung auf Richtigkeit wird gebeten. Eventuelle Einwände sind binnen 30 Tagen nach Zugang dieses Schreibens schriftlich geltend zu machen. Soweit keine Einwände innerhalb der Frist erhoben werden, gilt die Abrechnung als genehmigt. Änderungen der Personenzahl in der Mietsache wollen Sie bitte stets sofort mitteilten.

Mit freundlichen Grüßen

Vermieter: _

(Unterschrift)

7. ABMAHNUNG WEGEN WIEDERHOLT UNPÜNKTLICHER MIETZINSZAHLUNGEN

Beachten Sie bitte, dass eine Kündigung wegen unpünktlicher Mietzinszahlungen noch nicht sofort bei einer einmaligen Verspätung möglich ist. Es müssen wiederholt unpünktliche Zahlungen vorliegen **und** es muss vor der Kündigung eine Abmahnung ausgesprochen werden (siehe auch das Musterschreiben für eine Kündigung unter Nr. 8). Vor diesem Hintergrund finden Sie nachfolgend den Mustertext für eine Abmahnung wegen wiederholt unpünktlicher Mietzinszahlungen.

<u>EINSCHREIBEN (Einwurf)</u>

Name Mieter

Strasse

PLZ, Ort

Ort, Datum

Abmahnung wegen wiederholt unpünktlicher

Mietzahlungen

Sehr geehrte Frau _____,

Sehr geehrter Herr _____,

leider sehe ich mich veranlasst, wegen wiederholt unpünktlicher Mietzahlungen für die von Ihnen gemietete
Wohnung (Anschrift, Postleitzahl, Etage) eine

A B M A H N U N G

auszusprechen.

In den nachfolgend ausgewiesenen Zeiträumen haben Sie wiederholt die Miete unpünktlich gezahlt:

	Vertragliche Fälligkeit der Zahlung	Tatsächlicher Zahlungseingang
Monat und Jahr	Bis zum 3. Werktag des Monats	Datum
Monat und Jahr	Bis zum 3. Werktag des Monats	Datum
Monat und Jahr	Bis zum 3. Werktag des Monats	Datum

Damit haben Sie gegen Ihre mietvertraglichen Pflichten verstoßen. Die Miete ist gemäß den vertraglichen Vereinbarungen bis zum dritten Werktag des jeweiligen Monats im Voraus zu entrichten. Diese Pflicht haben Sie wiederholt schuldhaft verletzt. Insbesondere sind Sie darauf hingewiesen worden, dass eine Überweisung rechtzeitig unter Berücksichtigung von Bearbeitungszeiten durch die Bank vorzunehmen ist, so dass ein pünktlicher Zahlungseingang sichergestellt ist.

Hiermit fordere ich Sie auf, Ihr vertragswidriges Verhalten zu korrigieren und die Miete **ab sofort** pünktlich zu überweisen bzw. einen eingerichteten Dauerüberweisungsauftrag entsprechend zu ändern, so dass ein pünktlicher Zahlungseingang gewährleistet ist.

Ich weise darauf hin, dass eine wiederholt unpünktliche Mietzahlung mich nach der Rechtsprechung des Bundesgerichtshofes (Urteil vom 01.06.2011 – Az VIII ZR 91/10 und Urteil vom 11.01.2006 – Az VIII ZR 364/04 und Urteil vom 04.05.2011 – Az VIII ZR 191/10) berechtigt, den Mietvertrag zu kündigen, wenn Sie Ihr vertragswidriges Verhalten auch nach Ausspruch dieser Abmahnung fortsetzen.

Es ist daher in Ihrem eigenen Interesse, ab sofort eine pünktliche Zahlung der Miete sicher zu stellen. Anderenfalls sehe ich mich gezwungen, den Mietvertrag zu kündigen.

Mit freundlichen Grüßen

Vermieter: _____
(Unterschrift)

8. KÜNDIGUNG WEGEN WIEDERHOLT UNPÜNKTLICHER MIETZAHLUNGEN

Beachten Sie bitte, dass eine Kündigung wegen unpünktlicher Mietzinszahlungen noch nicht sofort bei einer einmaligen Verspätung möglich ist. Es müssen wiederholt unpünktliche Zahlungen vorliegen **und** es muss vor der Kündigung eine Abmahnung ausgesprochen werden (siehe vorhergehendens Musterschreiben unter Nr. 7).

EINSCHREIBEN (Einwurf)

Name Mieter

Strasse

PLZ, Ort

Ort, Datum

Kündigung wegen wiederholt unpünktlicher Mietzahlungen

Sehr geehrte Frau _____,

Sehr geehrter Herr _____,

leider sehe ich mich veranlasst, wegen wiederholt unpünktlicher Mietzahlungen für die von Ihnen gemietete Wohnung (Anschrift, Postleitzahl, Etage) die fristlose

KÜNDIGUNG

des Mietvertrages gemäß § 543 BGB auszusprechen. Darüber hinaus erkläre ich hilfsweise die ordentliche Kündigung gemäß § 573 Abs. 2 Nr. 1 BGB unter Einhaltung der gesetzlichen Kündigungsfrist.

In den nachfolgend ausgewiesenen Zeiträumen haben Sie wiederholt die Miete unpünktlich gezahlt:

	Vertragliche Fälligkeit der Zahlung	Tatsächlicher Zahlungseingang
Monat und Jahr	Bis zum 3. Werktag des Monats	Datum
Monat und Jahr	Bis zum 3. Werktag des Monats	Datum

Monat und Jahr	Bis zum 3. Werktag des Monats	Datum
Monat und Jahr	Bis zum 3. Werktag des Monats	Datum
Monat und Jahr	Bis zum 3. Werktag des Monats	Datum

Damit haben Sie gegen Ihre mietvertraglichen Pflichten verstoßen. Die Miete ist gemäß den vertraglichen Vereinbarungen bis zum dritten Werktag des jeweiligen Monats im Voraus zu entrichten. Diese Pflicht haben Sie wiederholt schuldhaft verletzt. Insbesondere sind Sie darauf hingewiesen worden, dass eine Überweisung rechtzeitig unter Berücksichtigung von Bearbeitungszeiten durch die Bank vorzunehmen ist, so dass ein pünktlicher Zahlungseingang sichergestellt ist.

Trotz meiner am _____ sowie am _____ ausgesprochenen Abmahnung haben Sie Ihr vertragswidriges Verhalten nicht korrigiert und die Miete auch danach wiederholt unpünktlich gezahlt. Ich verweise auf die in der obigen Tabelle ausgewiesenen Daten.

In der Abmahnung hatte ich Sie auf Ihre Vertragsverletzung und auf die Konsequenzen nach der Rechtsprechung des Bundesgerichtshofes hingewiesen (Urteil vom 01.06.2011 – Az VIII ZR 91/10 und Urteil vom 11.01.2006 – Az VIII ZR 364/04 und Urteil vom 04.05.2011 – Az VIII ZR 191/10).

Durch Ihre Fortsetzung des vertragswidrigen Verhaltens trotz Abmahnung und trotz Androhung einer Kündigung haben Sie das notwendige Vertrauen in Ihre

Bereitschaft zu einem vertragskonformen Verhalten nachhaltig gestört und mir daher keine andere Wahl gelassen, als die Kündigung des Mietvertrages auszusprechen.

Ich weise darauf hin, dass Sie der hilfsweise ausgesprochenen ordentlichen Kündigung gemäß § 574 BGB widersprechen können. Für die außerordentliche fristlose Kündigung gemäß § 543 BGB besteht **keine** Möglichkeit des Widerspruches. Ein etwaiger Widerspruch muss spätestens zwei Monate vor Beendigung des Mietvertrages nach Auslaufen der gesetzlichen Kündigungsfrist mir gegenüber schriftlich erklärt werden. Die Gründe für einen etwaigen Widerspruch müssen Sie darlegen und beweisen.

Einer Fortsetzung des Mietverhältnisses über den Beendigungszeitpunkt hinaus widerspreche ich bereits jetzt vorsorglich gemäß § 545 BGB.

Für die Räumung der Wohnung und die Rückgabe der Schlüssel setze ich Ihnen hiermit eine Frist bis zum _____. Sollten Sie dieser Aufforderung nicht fristgerecht nachkommen, werde ich ohne weitere Ankündigung eine Räumungsklage beim Gericht einreichen.

Mit freundlichen Grüßen

Vermieter: _____
(Unterschrift)

9. Abmahnung wegen Zahlungsverzuges

In einigen Fällen sieht das Gesetz eine Abmahnung des Mieters vor Ausspruch einer Kündigung vor. Zwar gehört die Kündigung wegen Zahlungsverzuges nicht dazu.[92] Gleichwohl empfehle ich Ihnen, zuvor eine Abmahnung zu versenden. Das zeigt dem Mieter, dass sein Zahlungsverzug sehr ernste Konsequenzen haben wird und eröffnet die Möglichkeit, den Mieter zu einem vertragskonformen Verhalten zu bewegen und damit eine weitere Eskalation zu vermeiden.

Nachfolgend finden Sie ein Muster für eine Abmahnung wegen Zahlungsverzuges.

---

[92] Siehe § 543 Abs. 3 Nr. 3 BGB.

EINSCHREIBEN (Einwurf)

Name Mieter

Strasse

PLZ, Ort

Ort, Datum

Abmahnung wegen Verzug mit Mietzahlungen

Sehr geehrte Frau _____,

Sehr geehrter Herr _____,

leider sehe ich mich veranlasst, wegen Verzug mit Mietzahlungen für die von Ihnen gemietete Wohnung (Anschrift, Postleitzahl, Etage) eine

A B M A H N U N G

auszusprechen.

In den nachfolgend ausgewiesenen Zeiträumen haben Sie die Miete bisher nicht gezahlt:

	Vertragliche Fälligkeit der Zahlung	Tatsächlicher Zahlungseingang
Monat und Jahr	Bis zum 3. Werktag des Monats	keiner
Monat und Jahr	Bis zum 3. Werktag des Monats	Teilzahlung in Höhe von € 100 am _____

Damit haben Sie gegen Ihre mietvertraglichen Pflichten verstoßen. Die Miete ist gemäß den vertraglichen Vereinbarungen bis zum dritten Werktag des jeweiligen Monats im Voraus zu entrichten.

Hiermit fordere ich Sie auf, Ihr vertragswidriges Verhalten zu korrigieren und die rückständig Miete unverzüglich (spätestens bis zum Datum) zu zahlen und **ab sofort** künftig fällig werden Mietzahlungen stets pünktlich zu überweisen. bzw. einen eingerichteten Dauerüberweisungsauftrag entsprechend zu ändern, so dass ein pünktlicher Zahlungseingang gewährleistet ist.

Ich weise darauf hin, dass ein Zahlungsrückstand mit der Miete einen fristlosen Kündigungsgrund gemäß § 543 Abs. 2 Nr. 3 BGB darstellt.

Es ist daher in Ihrem eigenen Interesse, die rückständige Miete unverzüglich nachzuzahlen und ab sofort eine pünktliche Zahlung der Miete sicher zu stellen.

Sollten Sie nicht fristgerecht zu einem vertragskonformen Verhalten zurückkehren, sehe ich mich gezwungen, den Mietvertrag zu kündigen.

Mit freundlichen Grüßen

Vermieter: _
(Unterschrift)

10. KÜNDIGUNG WEGEN ZAHLUNGSVERZUGES

Der Zahlungsverzug des Mieters stellt eine der häufigsten Störungen des Mietverhältnisses dar. Unter bestimmten Voraussetzungen steht dem Vermieter in diesem Fall ein Recht zur Kündigung zu.

Allerding rechtfertigt nicht jeder Zahlungsverzug eine Kündigung. Voraussetzung ist vielmehr, dass sich der Mieter bei zwei aufeinanderfolgenden Zahlungsterminen in Höhe eines Betrages in Verzug befindet, der insgesamt eine Monatsmiete übersteigt. Wenn dieser Schwellenwert nicht bei zwei aufeinander folgenden Zahlungsterminen erreicht wird, ist alternativ ausreichend, dass der Zahlungsverzug insgesamt einen Betrag von zwei Monatsmieten erreicht oder übersteigt.[93]

In einigen Fällen sieht das Gesetz eine Abmahnung des Mieters vor Ausspruch einer Kündigung vor. Zwar gehört die Kündigung wegen Zahlungsverzuges nicht dazu.[94] Gleichwohl empfehle ich Ihnen, zuvor eine Abmahnung zu versenden.[95] Das zeigt dem Mieter, dass seine Zahlungsverzögerung sehr ernste Konsequenzen haben wird und eröffnet die Möglichkeit, den Mieter zu

---

[93] Ich verweise auf §§ 543 Abs. 2 Nr. 3, 569 BGB.

[94] Ich verweise auf § 543 Abs. 3 Nr. 3 BGB.

[95] Einen Mustertext für eine Abmahnung wegen Zahlungsverzuges finden Sie in Kapitel IV. unter der Nr. 9 in diesem Buch.

einem vertragskonformen Verhalten zu bewegen und damit eine weitere Eskalation zu vermeiden.

Nachfolgend finden Sie ein Muster für eine Kündigung wegen Zahlungsverzuges.

EINSCHREIBEN (Einwurf)

Name Mieter

Strasse

PLZ, Ort

Ort, Datum

Kündigung wegen Zahlungsverzuges mit der Miete

Sehr geehrte Frau _____,

Sehr geehrter Herr _____,

leider sehe ich mich veranlasst, wegen Zahlungsverzuges mit der Miete für die Wohnung (Anschrift, Postleitzahl, Etage) die fristlose

K Ü N D I G U N G

des Mietvertrages gemäß § 543 Abs. 2 Nr. 3 BGB auszusprechen. Darüber hinaus erkläre ich hilfsweise die ordentliche Kündigung gemäß § 573 Abs. 2 Nr. 1 BGB unter Einhaltung der gesetzlichen Kündigungsfrist.

In den nachfolgend ausgewiesenen Zeiträumen haben Sie die Miete nur teilweise bzw. gar nicht gezahlt:

	Vertragliche Fälligkeit der Zahlung	Tatsächlicher Zahlungseingang
Monat und Jahr	Bis zum 3. Werktag des Monats	keiner
Monat und Jahr	Bis zum 3. Werktag des Monats	Teilzahlung in Höhe von € 100 am _____
Monat und Jahr	Bis zum 3. Werktag des Monats	keiner
Monat und Jahr	Bis zum 3. Werktag des Monats	keiner
Monat und Jahr	Bis zum 3. Werktag des Monats	Teilzahlungn in Höhe von € 250 am _____

Damit haben Sie gegen Ihre mietvertraglichen Pflichten verstoßen. Die Miete ist gemäß den vertraglichen Vereinbarungen bis zum dritten Werktag des jeweiligen Monats im Voraus zu entrichten.

Trotz meiner am _____ sowie am _____ ausgesprochenen Abmahnung wegen des Zahlungsverzuges haben Sie die rückständige Miete bis heute nicht gezahlt und Ihr vertragswidriges Verhalten nicht korrigiert. Ich verweise auf die in der obigen Tabelle ausgewiesenen Daten.

Sie befinden sich damit für zwei aufeinanderfolgende Termine mit der Entrichtung der Miete in Höhe von insgesamt € _____ und damit in Höhe eines Betrages in Verzug, der die Miete für einen Monat übersteigt.

alternativ:

Sie befinden sich damit für einen Zeitraum mit der Entrichtung der Miete im Verzug, der sich über mehr als

2 Zahlungstermine erstreckt und insgesamt einen Betrag in Höhe von € _____ und damit von mehr als 2 Monatsmieten erreicht hat.

Damit sind die Voraussetzungen für eine fristlose Kündigung gemäß § 543 ABs. 2 Nr. 3 BGB gegeben.

In der Abmahnung hatte ich Sie auf Ihre Vertragsverletzung und auf die Konsequenzen hingewiesen, wenn Sie die rückständige Miete nicht zahlen. Durch Ihre Fortsetzung des vertragswidrigen Verhaltens trotz Abmahnung und trotz Androhung einer Kündigung haben Sie das notwendige Vertrauen in Ihre Bereitschaft zu einem vertragskonformen Verhalten nachhaltig gestört und mir daher keine andere Wahl gelassen, als die Kündigung des Mietvertrages auszusprechen.

Ich weise darauf hin, dass Sie der hilfsweise ausgesprochenen ordentlichen Kündigung gemäß § 574 BGB widersprechen können. Für die außerordentliche fristlose Kündigung gemäß § 543 BGB besteht **keine** Möglichkeit des Widerspruches. Ein etwaiger Widerspruch muss spätestens zwei Monate vor Beendigung des Mietvertrages nach Auslaufen der gesetzlichen Kündigungsfrist mir gegenüber schriftlich erklärt werden. Die Gründe für einen etwaigen Widerspruch müssen Sie darlegen und beweisen.

Einer Fortsetzung des Mietverhältnisses über den Beendigungszeitpunkt hinaus widerspreche ich bereits jetzt vorsorglich gemäß § 545 BGB.

Für die Räumung der Wohnung und die Rückgabe der Schlüssel setze ich Ihnen hiermit eine Frist bis zum _____. Sollten Sie dieser Aufforderung nicht fristgerecht nachkommen, werde ich ohne weitere Ankündigung eine Räumungsklage beim Gericht einreichen.

Mit freundlichen Grüßen

Vermieter: _____
(Unterschrift)

11. KÜNDIGUNG WEGEN EIGENBEDARF

Grundsätzlich genießen Mieter von Wohnraum Kündigungsschutz. Eine Kündigung darf vom Vermieter nicht nach Belieben ausgesprochen werden, sondern nur bei Vorliegen eines vom Gesetz anerkannten berechtigten Interesses.[96]

Das Gesetz zählt in § 573 Abs. 2 BGB beispielhaft berechtigte Interessen auf, die eine Kündigung durch den Vermieter rechtfertigen. Ein berechtigtes Interesse kann sich inbesondere aus Eigenbedarf gemäß § 573 Abs. 2 Nr. 2 BGB ergeben. Die Kündigung wegen Eigenbedarfs muss nachvollziehbar begründet werden unter Angabe von Tatsachen, die in dem Kündigungsschreiben angegeben werden müssen.[97]

Wichtig ist die Erkenntnis, dass nicht jeder Grund, den sich der Vermieter vorstellt, eine Kündigung wegen Eigenbedarfs gemäß § 573 Abs. 2 Nr. 2 BGB rechtfertigt. Das Gesetz sieht vielmehr vor, dass nur ein Bedarf der Räume als Wohnung für den Vermieter selbst oder seine Familien- und Haushaltsangehörigen eine Eigenbedarfskündigung rechtfertigt. Es reicht für eine wirksame Kündigung aus, dass der Vermieter vernünftige Gründe für seinen Wunsch darlegt, die Wohnung selbst zu nutzen oder durch eine begünstigte Person nutzen zu las-

---

[96] Das ist in § 573 Abs. 1 BGB geregelt.

[97] Das ist in § 573 Abs. 3 und § 574 Abs. 3 BGB geregelt.

sen.[98] Der Eigenbedarf muss konkret geltend gemacht werden für die nahe Zukunft. Eine „Vorratskündigung" wegen eines in der Zukunft möglicherweise entstehenden, aber noch nicht konkret absehbaren Eigenbedarfs ist nicht zulässig.[99]

Auch bei der Eigenbedarfskündigung besteht die Möglichkeit des Widerspruchs für den Mieter gemäß § 574 BGB. Wenn der Mieter davon Gebrauch macht, ist eine Abwägung des Interesses des Vermieters an der Kündigung zur Eigennutzung gegen das Bestandsinteresse des Mieters an der Fortsetzung der Nutzung der Wohnung vorzunehmen. Bei dieser Abwägung finden nur die vom Vermieter im Kündigungsschreiben angegebenen Gründe Berücksichtigung, es sei denn die Gründe sind erst nach Ausspruch der Kündigung entstanden.[100] Es ist daher für den Vermieter wichtig, in der Kündigung sorgfältig sämtliche Argumente und Tatsachen für die Begründung des Eigenbedars darzustellen und nach Möglichkeit nichts auszulassen.

---

[98] Ich verweise dazu auf BGH, Urteil vom 4.3.2015 (VIII ZR 166/14) und BGH, Urteil vom 15.3.2017 (VIII ZR 270/15) – abrufbar unter https://www.bundesgerichtshof.de/

[99] Ich verweise dazu auf BGH, Beschluss vom 11.10.2016 (VIII ZR 300/15) – abrufbar unter https://www.bundesgerichtshof.de/

[100] Ich verweise dazu auf BGH, Urteil vom 10.06.2015 (VIII ZR 99/14) – abrufbar unter https://www.bundesgerichtshof.de/

Bitte beachten Sie, dass ein Vermieter sich durch Vortäuschung eines Eigenbedarfs zur Rechtfertigung einer Kündigung gegenüber dem Mieter schadensersatzpflichtig macht.[101] Die Gerichte prüfen dann besonders kritisch, wenn eine Verkaufsabsicht des Vermieters in zeitlicher Nähe zur Eigenbedarfskündigung dokumentiert ist oder ein Verkauf tatsächlich kurze Zeit nach der Eigenbedarfskündigung erfolgt, weil dann der Verdacht des Mißbrauchs besonders nahe liegt.[102]

Eine Kündigung wegen Eigenbedarfs kann sich auch dann als rechtsmissbräuchlich und damit unwirksam herausstellen, wenn der Vermieter bereits bei der Vermietung absehen kann, dass er **alsbald (d.h. in naher Zukunft)** wegen Eigenbedarfs kündigen möchte und dem Mieter diesen Umstand nicht mitteilt.[103]

Will der Vermieter einen Mietvertrag kündigen, um die Wohnung **nicht** für Wohnzwecke, sondern für eine freiberufliche oder gewerbliche Tätigkeit zu nutzen oder durch Angehörige nutzen zu lassen, so kann eine solche Kündiggung **nicht** auf § 573 Abs. 2 Nr. 2 BGB gestützt

---

[101] Ich verweise auf § 573 Abs. 3 und § 574 Abs. 3 BGB.

[102] Ich verweise dazu auf BGH, Beschluss vom 10.5.2016 (VIII ZR 214/15) – abrufbar unter https://www.bundesgerichtshof.de/

[103] Ich verweise dazu auf ein grundlegendes Urteil des BGH vom 29.3.2017 (VIII ZR 45/16), das unter Abkehr von der bisherigen Rechtsprechung detailliert die Prüfungskriterien und Prüfungsmaßstäbe für eine solche Kündigung aufzählt – abrufbar unter https://www.bundesgerichtshof.de/

werden. Eine solche Kündigung kann aber gemäß § 573 Abs. 1 BGB gerechtfertigt sein. Dazu muss im Wege einer einzelfallbezogenen Abwägung ein Überwiegen des Eigennutzungsinteresses des Vermieters gegen das Interesse des Mieters an der Fortsetzung des Mietvertrages dargelegt werden.[104]

Nachfolgend finden Sie ein Muster für eine Kündigung wegen Eigenbedarfes.

---

[104] Ich verweise dazu auf BGH, Urteil vom 21.1.2009 (VIII ZR 62/08) – abrufbar unter https://www.bundesgerichtshof.de/

EINSCHREIBEN (Einwurf)

Name Mieter

Strasse

PLZ, Ort

Ort, Datum

Kündigung wegen Eigenbedarf

Sehr geehrte Frau _____,

Sehr geehrter Herr _____,

leider sehe ich mich veranlasst, wegen Eigenbedarfs den Mietvertrag über die Wohnung (Anschrift, Postleitzahl, Etage) gemäß § 573 Abs. 2 Nr. 2 BGB unter Einhaltung der gesetzlichen Kündigungsfrist mit Wirkung zum _____zu kündigen.

Einer Fortsetzung des Mietverhältnisses über den Beendigungszeitpunkt hinaus widerspreche ich bereits jetzt vorsorglich gemäß § 545 BGB.

Begründung:

Z.B.: Ich benötige die Wohnung für meine Tochter, die ihr Studium abgeschlossen hat und zum (Angabe Datum) eine Arbeitsstelle in Musterstadt antreten wird. Lei-

der verfüge ich über keine andere Wohnung zur Unter-
bringung meiner Tochter in Musterstadt.

Ich weise darauf hin, dass Sie der Kündigung gemäß
§ 574 BGB widersprechen können. Ein etwaiger Widerspruch muss spätestens zwei Monate vor Beendigung
des Mietvertrages nach Auslaufen der gesetzlichen
Kündigungsfrist mir gegenüber schriftlich erklärt werden. Die Gründe für den Widerspruch, insbesondere die
Umstände in welchen Sie eine nicht zu rechtfertigende
Härte für sich oder Ihre Familie oder einen nahen An-
gehörigen Ihres Haushalts sehen, müssen Sie in dem
Schreiben detailliert und ausführlich darlegen und beweisen.

Bitte geben Sie die Schlüssel und die Wohnung in
geräumtem Zustand spätestens am letzten Tag der Kündigungsfrist zurück. Wenn Sie dieser Aufforderung
nicht fristgerecht nachkommen, müssen Sie mit der Er-
hebung einer Räumungsklage rechnen, was zusätzliche
Kosten verursachen wird, die dann von Ihnen zu tragen
wären.

Mit freundlichen Grüßen

Vermieter: _____
(Unterschrift)

12. MIETAUFHEBUNGSVERTRAG

Bei einem Mietaufhebungsvertrag handelt es sich um eine Vereinbarung, mit der das Mietverhältnis zu einem bestimmten Stichtag einvernehmlich beendet wird. Eine solche Vereinbarung dient in der Regel der Vermeidung eines Rechtsstrreites über die Rechtsmäßigkeit einer Kündigung. Daher ist es üblich, dass der Mieter für die Mitwirkung beim Abschluss des Aufhebungsvertrages Zugeständnisse des Vermieters erhält.

Häufig wird eine Geldzahlung an den Mieter als Abfindung vereinbart, um ihn für den Aufwand der Suche einer neuen Wohnung und des Umzuges etwas zu entschädigen und ihn zum Abschluss des Aufhebungsvertrages zu bewegen. Im Gegenzug verzichtet der Mieter darauf, die Wirksamkeit der Kündigung gerichtlich zu bekämpfen. Insofern kann ein Mietaufhebungsvertrag durchaus im Interesse aller Beteiligten sein.

In diesem Zusammenhang weise ich darauf hin, dass ein Vermieter eine Abfindungszahlung an den Mieter als Werbungskosten von der Steuer absetzen kann, wenn diese dazu dient, die Wohnung im Anschluss (z.B. nach einer grundlegenden Renovierung) zu besseren Konditionen zu vermieten.[105]

---

[105] Ich verweise dazu auf mein Buch „Steuerleitfaden für Immobilieninvestoren: Der ultimative Steuerratgeber für Privatinvestitionen in Wohnimmobilien". Das Buch finden Sie bei Amazon auf folgender Seite:
https://amzn.to/34tufW8

Bei der textlichen Abfassung des Aufhebungsvertrages ist es wichtig, den Anspruch des Mieters auf eine Abfindungszahlung davon abhängig zu machen, dass er seinerseits die eingegangenen Verpflichtungen des Aufhebungsvertrages fristgerecht erfüllt.

Der nachfolgende Mustertext berücksichtigt das und sichert den Vermieter ab, dass er nur dann die Abfindung zahlen muss, wenn der Mieter fristgerecht die Wohnung räumt und seinen Teil der Verpflichtungen erfüllt.

Mietaufhebungsvertrag

Zwischen

Name, Vorname

Straße, Nr.

PLZ _____ Ort

(im folgenden „**Vermieter**" genannt)

und

Name, Vorname

Straße, Nr. _____

PLZ _____ Ort_____

(im folgenden „**Mieter**" genannt)

im Hinblick auf folgende Immobilie:

Straße, Nr. _____

PLZ _____ Ort_____

§ 1 Beendigung des Mietvertrages

Vermieter und Mieter vereinbaren, dass der Mietvertrag vom _____ über die oben bezeichnete Immobilie mit Wirkung zum _____ einvernehmlich beendet wird. Mit dieser Regelung stellen beide Parteien klar, dass sie die Beendigung des Mietvertrages für rechtskonform erachten und diese im Hinblick auf Regelungen des Mietrechtes im Bürgerlichen Gesetzbuch nicht in Zweifel ziehen.

§ 2 Räumung, Nutzungsentschädigung

Der Mieter verpflichtet sich, die Immobilie bis zu dem in § 1 festgelegten Termin zu räumen und sämtliche Schlüssel zurückzugeben.

Falls der Mieter mit der Räumung der Immobilie oder der Rückgabe der Schlüssel in Verzug gerät, so hat er für jeden Tag der Fristüberschreitung eine Nutzungsentschädigung in Höhe von € _____ an den Vermieter zu zahlen.

Wird die Mietsache nach Beendigung des Mietvertrages weiter vom Mieter gebraucht, so wird unter ausdrücklicher Abweichung von § 545 BGB klargestellt, dass das Mietverhältnis nicht als verlängert gilt.

§ 3 Schönheitsreparaturen

Die mietvertraglich vereinbarten Schönheitsreparaturen werden vom Mieter vertragsgerecht durchgeführt.

Die Durchführung hat bis zur Beendigung des Mietverhältnisses fachgerecht zu erfolgen.

§ 4 Einrichtungsgegenstände

Der Vermieter übernimmt die folgenden vom Mieter
eingebrachten Einrichtungsgegenstände gegen eine Zahlung in Höhe von € _____:

Auflistung der Gegenstände

Alternativ:

Der Mieter hat bis zum Beendigungszeitpunkt sämtliche eingebrachten Einrichtungsgegenstände aus der
Immobilie zu entfernen.

§ 5 Mietkaution

Der Vermieter verpflichtet sich, die vom Mieter ent-
richtete Kaution einschließlich aufgelaufener Guthabenzinsen spätestens bis zum _____ zurückzuzahlen,
wenn der Mieter fristgerecht die Wohnung geräumt hat
und keine fälligen Gegenansprüche des Vermieters bestehen.

§ 6 Betriebskosten

Der Vermieter verpflichtet sich, spätestens bis zum
_____ die Betriebskosten abzurechnen. Beide Parteien verpflichten sich, Nachzahlungen beziehungsweise
Guthaben innerhalb 14 Tagen nach Zugang der Betriebskostenabrechnung auszugleichen.

§ 7 Abfindung

Der Vermieter verpflichtet sich, dem Mieter eine Abfindung in Höhe von € _____ zu zahlen, **wenn** der Mieter seine in diesem Vertrag geregelten Verpflichtungen fristgerecht erfüllt. Die Zahlung der Abfindung wird 14 Tage nach vollständiger und fristgerechter Räumung der Immobilie und Rückgabe der Schlüssel fällig.

§ 8 Sonstiges und Salvatorische Klausel

Die Parteien haben über den Inhalt dieses Vertrages verhandelt sich nach Austausch von Argumenten einvernehmlich auf seinen Inhalt geeinigt. Sollten einzelne Regelungen dieses Vertrages unwirksam sein, so bleibt die Wirksamkeit des restlichen Vertrages davon unberüht.

Ort, Datum: _____

Vermieter: _____
(Unterschrift)

Mieter: _____
(Unterschrift)

13. EINVERNEHMLICHE MIETERHÖHUNG

Eine Mieterhöhung in Form einer einvernehmlichen vertraglichen Vereinbarung mit dem Mieter ist rechtlich im Rahmen der allgemeinen Vertragsfreiheit immer möglich.[106] Sie setzt jedoch voraus, dass Sie den Mieter überzeugen können, einer Mieterhöhung zuzustimmen.

Eine einvernehmlich vereinbarte Mieterhöhung hat für Sie als Vermieter den großen Vorteil, dass die Gefahr von Konflikten mit dem Mieter insgesamt klein gehalten werden kann. Außerdem können Sie so rechtliche Unsicherheiten vermeiden, die mit der gerichtlichen Durchsetzung eines Mieterhöhungsverlangens verbunden sind.

---

[106] Die Vertragsfreiheit findet ihre Grenze in der Sittenwidrigkeit gemäß § 138 BGB bei Überschreitung der angemessenen Miete um mehr als 50% und im Straftatbestand des Wuchers gemäß § 291 StGB. Darüber hinaus ist eine bußgeldbewehrte Ordnungswidrigkeit gemäß § 5 WiStG gegeben, wenn die übliche Miete um mehr als 20% überschritten wird.

Vereinbarung über Mieterhöhung

Zwischen

Name, Vorname

Straße, Nr. _____

PLZ _____Ort _____

(nachfolgend „**Vermieter**" genannt)

und

Name, Vorname

Straße, Nr. _____

PLZ _____Ort _____

(nachfolgend „**Mieter**" genannt)

im Hinblick auf folgende Immobilie:

Straße, Nr. _____

PLZ _____Ort _____

In Abänderung zu des am _____ geschlossenen Mietvertrags wird vereinbart, dass die Grundmiete von € _____ auf € _____ erhöht wird. Die Nebenkostenvorauszahlung bleibt unverändert. Die erhöhte Miete ist ab dem _____ zu zahlen.

Ort, Datum: _____

Vermieter: _____

(Unterschrift)

Mieter: _____

(Unterschrift)

14. MIETERHÖHUNG BIS ZUR ORTSÜBLICHEN VERGLEICHSMIETE

Die Erhöhung bis zur ortsüblichen Vergleichsmiete gemäß § 558 BGB setzt voraus, dass der Vermieter dem Mieter schriftlich eine Begründung und die Details der Mieterhöhung mitteilt und diesen auffordert, seine Zustimmung zu erteilen. Stimmt der Mieter dem Mieterhöhungsverlangen zu, wird die Mieterhöhung wirksam. Stimmt der Mieter nicht zu, muss der Vermieter ihn auf Zustimmung verklagen. Dafür gilt eine Frist von 3 Monaten.[107]

Eine Mieterhöhung kann frühestens für den Beginn des dritten auf das Mieterhöhungsverlangen folgenden Monats wirksam werden.

Nachfolgend finden Sie einen Mustertext für ein Mieterhöhungsverlangen, um den Mieter zur Zustimmung aufzufordern und damit den Prozess zur Durchsetzung der Erhöhung zu initiieren.

---

[107] Siehe § 558b Abs. 2 BGB.

EINSCHREIBEN (Einwurf)

Name Mieter

Strasse

PLZ, Ort

Ort, Datum

Mieterhöhung gemäß § 558 BGB für die von Ihnen gemietete Wohnung (Strasse, PLZ Ort, x.Etage, links/mitte/rechts)

Sehr geehrte Frau _____,

Sehr geehrter Herr _____,

auf der Grundlage von § 558 BGB bin ich berech-tigt, die Miete bis zur ortsüblichen Vergleichsmiete zu erhö-hen. Von dieser gesetzlichen Möglichkeit möchte ich Gebrauch machen.

Begründung:

Derzeit zahlen Sie eine montliche Nettokaltmiete in Höhe von € _____. Die Wohnfläche Ihrer Wohnung beträgt ____ m². Somit ergibt sich ein Mietzins in Höhe von € _____ pro m² Wohnfläche. Diese Miete entspricht nicht mehr der ortsüblichen Miete, die für

Wohnraum vergleichbarer Art, Größe, Ausstattung, Beschaffenheit und Lage gezahlt wird.

Die von Ihnen gemietete Wohnung wurde im Jahre errichtet und erstmals bezugsfertig. Sie verfügt über eine mittlere Lage und eine mittlere Ausstattung.

Bei Verfügbarkeit eines Mietspiegels:

Ausweislich des aktuellen Mietspiegels der Gemeinde/Stadt (Stand: _ _ _ _ _ _ _ _ _ _), beträgt die ortsübliche Vergleichsmiete für Wohnungen in dieser Kategorie zwischen € _ _ _ _ _ _ _ _ und € _ _ _ _ _ _ _ _.

Alternative Argumentation mit Vergleichswohnungen, wenn es keinen Mietspiegel gibt:

Zur Begründung der Mieterhöhung verweise ich auf die drei folgenden Vergleichswohnungen:

1. Vergleichsstrasse 1, Vergleichsstadt, 2. Obergeschoss, vorne rechts, 3 Zimmer, Küche, Bad, Diele, Balkon, Wohnfläche 85 m^2, Kaltmiete € _ _ _ _ _ _ _ _ = € _ _ _ _ _ _ _ _ pro m^2. Mieter: Martin Muster

2. Vergleichsstrasse 2, Vergleichsstadt, 3. Obergeschoss, vorne links, 3 Zimmer, Küche, Bad, Diele, Balkon, Wohnfläche 87 m^2, Kaltmiete € _ _ _ _ _ _ _ _ = € _ _ _ _ _ _ _ _ pro m^2. Mieter: Mechthild Muster

3. Vergleichsstrasse 3, Vergleichsstadt, 4. Obergeschoss, hinten rechts, 3 Zimmer, Küche, Bad, Diele, Balkon, Wohnfläche 80 m², Kaltmiete € _____ = € _____ pro m². Mieter: Mathilde Muster

Damit liegt die vertraglich vereinbarte Miete erheblich unter der aktuell ortsüblichen Miete.

Ihre Miete ist seit dem _____ und damit seit mehr als 15 Monaten nicht mehr erhöht worden. Folglich besteht ein Anpassunsanspruch gemäß § 558 BGB.

Ich erhöhe daher die Nettokaltmiete von derzeit € _____ um € _____ auf € _____ (= € _____ pro m²). Ihre Gesamtmiete setzt sich nach der Erhöhung wie folgt zusammen:

- Erhöhte Nettokaltmiete: € _____

- Betriebskostenvorauszahlung: € _____

- Heizkostenvorauszahlung: € _____

Summe: € _____

Diese Mieterhöhung hält sich innerhalb der Kappungsgrenze des § 558 Abs. 3 BGB, wonach die Miete innerhalb von drei Jahren um nicht mehr als 20 % erhöht werden darf. Die von mir jetzt geforderte Mieterhöhung beträgt _____ %.

Die erhöhte Miete wird mit Beginn des dritten Kalendermonats, nach dem Sie dieses Mieterhöhungsschreiben erhalten haben und damit erstmals am dritten Werktag des Monats _____ fällig.

Sie sind gemäß § 558 BGB verpflichtet, der verlangten Mieterhöhung zuzustimmen und die anliegend beigefügte Zweitschrift dieses Schreibens mit einer Zustimmungserklärung unterschrieben bis zum _____ zurückzusenden.

Ich weise darauf hin, dass ich eine nicht fristgerechte Rücksendung der Zustimmungserklärung als Ablehnung werten muss. In diesem Fall würden Sie mich zwingen, die Zustimmung gerichtlich einzuklagen.

Mit freundlichen Grüßen

Vermieter: _____
(Unterschrift)

Anlage:

- Kopie des Mietspiegels der Stadt/Gemeinde **oder**
- Belege über Mieten in Vergleichswohnungen

15. Mieterhöhung bei Indexmiete

Enthält der Mietvertrag eine Indexmiete, dann ist eine Mieterhöhung nur auf der Grundlage des Preissteigerungsindexes für die Lebenshaltung aller privaten Haushalte in Deutschland möglich. Dieser wird jährlich vom Statistischen Bundesamt aktualisiert und veröffentlicht. Eine Anknüpfung an andere Indizes ist nach geltendem Recht unzulässig.

Für die Berechnung der Mieterhöhung gilt folgende Formel:

Prozentuale Indexsteigerung = [Neuer Indexstand] / [Alter Indexstand] x 100 - 100

Beispiel:

Der Preisindex betrug 108,5 Punkte im Jahr 2014 und 111,6 Punkte im Folgejahr 2015.

Daraus ergibt sich folgende prozentuale Indexsteigerung:

$$111,6 / 108,5 \text{ x } 100 - 100 = 2,86 \text{ \%}$$

Die alte Kaltmiete belief sich auf € 650. Nach der Steigerung des Preisindex um 2,86% kann der Vermieter folglich die Miete um € 18,59 auf € 668,59 erhöhen.

Auf der nachfolgenden Seite finden Sie ein Musterschreiben für eine Mieterhöhung bei einer Indexmietvereinbarung.

EINSCHREIBEN (Einwurf)

Name Mieter

Strasse

PLZ, Ort

Ort, Datum

Mieterhöhung wegen des gestiegenden Preisindexes für die von Ihnen gemietete Wohnung (Strasse, PLZ Ort, x.Etage, links/mitte/rechts)

Sehr geehrte Frau _____,

Sehr geehrter Herr _____,

in unserem Mietvertrag ist eine Indexmiete vereinbart. Der maßgebliche Verbraucherpreisindex ist seit der letzten Mietanhebung im Jahr _____ von _____ auf _____ Punkte gestiegen. Dies nehme ich zum Anlass, die bisherige Miete von € _____ um € _____ auf € _____ zu erhöhen. Die erhöhte Miete ist von Ihnen ab dem übernächsten Monat nach Zugang dieses Schreibens zu entrichten.

Mit freundlichen Grüßen

Vermieter: _____

(Unterschrift)

16. MIETERHÖHUNG WEGEN MODERNISIERUNG

Die Kosten der Modernisierung können dabei gemäß § 559 BGB teilweise auf den Mieter abgewälzt werden in Form einer Mieterhöhung von jährlich 8% (bezogen auf die Modernisierungskosten). Bis zum 31.12.2018 betrug der Prozentsatz noch 11%. Mit Wirkung zum 01.01.2019 wurde er auf 8% gekürzt. Entscheidender Stichtag ist dabei die Ankündigung der Modernsisierungsmaßnahme gegenüber dem Mieter.

Darüber hinaus ist eine Deckelung der Modernisierungsmieterhöhung auf € 3 pro m² Wohnfläche innerhalb von 6 Jahren in das Gesetz aufgenommen worden. Wenn die Miete vor der Erhöhung weniger als € 7 pro m² Wohnfläche beträgt, ist die Modernisierungsmieterhöhung nach neuem Recht auf € 2 pro m² innerhalb von 6 Jahren gedeckelt.[108]

Dabei ist zu berücksichtigen, dass bei Erneuerung von ohnehin reparaturbedürftigen Bestandteilen nur die Aufwendungen für den Mehrwert der Modernisierung angesetzt werden dürfen. Die Kosten einer Instandsetzung ohne Erhöhung des Wohnwertes sind dabei in Abzug zu bringen und können nicht Grundlage einer Mieterhöhung sein.

---

[108] Ich verweise dazu auf § 559 Abs. 3a BGB.

Der Inhalt eines Mieterhöhungsschreibens wegen Modernisierung muss den gesetzlichen Vorgaben entsprechen. Diese sind recht formalistisch und nicht so einfach zu erfüllen. Zur Orientierung und Hilfestellung dient das nachfolgend abgedruckte Musterschreiben.

EINSCHREIBEN (Einwurf)

Name Mieter

Strasse

PLZ, Ort

Ort, Datum

Mieterhöhung wegen Modernisierungmaßnahmen für die von Ihnen gemietete Wohnung (Strasse, PLZ Ort, x.Etage, links/mitte/rechts)

Sehr geehrte Frau _____,

Sehr geehrter Herr _____,

mit Schreiben vom _____ hatte ich die Durchführung von Modernisierungsmaßnahmen für die von Ihnen gemietete Wohnung angekündigt. Diese sind mitterlweile abgeschlossen.

Wie angekündigt, sind die folgenden Maßnahmen durchgeführt worden:

- Dämmung von Dach und Fassade (Abschluss der Arbeiten am _____)

- Einbau von 3-Fach-Isolierglasfenstern inklusive neuer Fensterrahmen (Abschluss der Arbeiten am _____).

Da sich durch die Maßnahmen der Wohnwert Ihrer Wohnung verbessert hat und Sie insbesondere Heizkosten einsparen werden, bin ich gemäß § 559 BGB berechtigt, 8% des Modernisierungsaufwandes auf Ihre jährliche Nettokaltmiete umzulegen. Daraus ergibt sich für Sie eine Mieterhöhung, die sich wie folgt errechnet:

1. Gesamtaufwand für das Gebäude: € 37.000

a) Dachdämmung: € 10.000 (Rechnung der Firma _____ vom _____ liegt in Kopie bei)

b) Fassadendämmung: € 12.000 (Rechnung der Firma _____ vom _____ liegt in Kopie bei)

c) 3-Fach-Isolierglasfenster: € 15.000 (Rechnung der Firma _____ vom _____ liegt in Kopie bei)

2. Instandsetzungsaufwand: € 4.000

Da mit den Bauarbeiten auch Instandsetzungsarbeiten erfolgt sind, ist der damit verbundene Kostenaufwand in Höhe von € 4.000 vom Gesamtaufwand abzuziehen, um den Modernisierungsaufwand zu ermitteln. Somit ergibt sich ein anrechenbarer Aufwand für die Modernisierung in Höhe von € 33.000.

3. Umlegung des Modernisierungsaufwandes

a) Der relevante Aufwand für die Dach- und Fassadendämmung in Höhe von insgesamt € 20.000 (= € 22.000 Gesamtaufwand abzüglich € 2.000 Instandsetzungsaufwand) wird auf der Grundlage der Wohnfläche des gesamten Gebäudes auf die einzelnen Mieter umgelegt.

- Gesamtwohnfläche: 300 m^2
- Wohnfläche Ihrer Wohnung: 60 m^2 = 20 %
- Ihr Kostenanteil: € 4.000 (= 20% von € 20.000)

b) Der relevante Aufwand für den Austausch der Fenster gegen 3-Fach-Isolierglasfenster von € 13.000 (= € 15.000 Gesamtaufwand abzüglich € 2.000 Instandsetzungsaufwand) wird nach der Anzahl der Fenster umgelegt.

- Gesamtzahl aller Fenster: 15
- Ihre Anzahl Fenster: 3 = 20 %
- Ihr Kostenanteil: € 2.600 (= 20% von € 13.000)

4. Umlegeung auf die jährliche Miete

Ihr Anteil an den Modernisierungskosten beträgt somit € 6.600 (= € 4.000 + € 2.600)

Davon 8% pro Jahr: € 528

- Mieterhöhung pro Monat: € 44

Bisherige Nettokaltmiete: € 650

Neue Nettokaltmiete: € 694

Die Betriebskostenvorauszahlungen betragen € 120 pro Monat und entsprechen den voraussichtlichen künftigen Betriebskosten nach Durchführung der Moderinisierung.

Die neue Miete in Höhe von € 814 (= € 694 + € 120) zahlen Sie bitte mit Beginn des dritten Monats, nachdem Sie dieses Mieterhöhungsschreiben erhalten haben, also ab _____ (Monat/Jahr).

Mit freundlichen Grüßen

Vermieter: _____
(Unterschrift)

Die schriftliche **Ankündigung** der Modernisierungsmaßnahmen ist formelle Voraussetzung für die Wirksamkeit der Mieterhöhung. Die Ankündigung hat spätestens drei Monate vor Beginn der Maßnahmen zu erfolgen.

Der Vermieter muss in der Ankündigung über die Art und den voraussichtlichen Umfang der Maßnahmen, den voraussichtlichen Beginn, die Dauer und schließlich über den Betrag der zu erwartenden Kosten und die sich daraus ergebende Mieterhöhung informieren. Folglich muss der Inhalt der Ankündigung ähnlich detailliert sein wie der Text der tatsächlichen Mitteilung der Mieterhöhung, den Sie oben finden. Ich rate daher dazu, für die Ankündigung den obigen Text zu verwenden und die Formulierungen so zu ändern, dass es sich um eine Ankündigung handelt und nicht um die Mitteilung der tatsächlich durchgeführten Maßnahmen. Wenn Sie Festpreisangebote von Handwerkern eingeholt haben, liegen Ihnen die Zahlen der gesamten Kosten auch bereits zum Zeitpunkt der Ankündigung vor.

17. ERHÖHUNG DER NEBENKOSTENVORAUS- ZAHLUNGEN

Wenn die Betriebskosten steigen (z.B. wegen erhöhter Grundsteuern oder erhöhter Abwassergebühren), dann ergibt sich daraus eine Nachzahlungspflicht des Mieters nach Verrechnung mit den Nebenkostenvorauszahlungen.

Für die Zukunft können Sie darauf reagieren mit einer Erhöhung der Nebenkostenvorauszahlungspauschale, die der Mieter monatlich mit der Miete zu zahlen hat. Dazu sind Sie gemäß § 560 Abs. 4 BGB berechtigt.

Einen Mustertext für die Erhöhung der monatlichen Betriebskostenvorauszahlungen finden nach folgend abgedruckt.

EINSCHREIBEN (Einwurf)

Name Mieter

Strasse

PLZ, Ort

Ort, Datum

Nebenkostenabrechung und Erhöhung der Nebenkostenvorauszahlungen für die von Ihnen gemietete Wohnung (Strasse, PLZ Ort, x.Etage, links/mitte/rechts)

Sehr geehrte Frau _____,

Sehr geehrter Herr _____,

anliegend erhalten Sie die Nebenkostenab-rechnung für das Jahr _____ für die im Betreff bezeichnete Wohnung.

Ich weise darauf hin, dass Sie nach vorheriger Anmeldung das Recht zur Einsicht in die zugrunde liegenden Belege haben. Um unverzügliche Überprüfung der Abrechnung auf Richtigkeit wird gebeten. Eventuelle Einwände sind binnen 30 Tagen nach Zugang dieses Schreibens schriftlich geltend zu machen. Soweit keine Einwände innerhalb der Frist erhoben werden, gilt die Abrechnung als genehmigt.

Aus der anliegenenden Nebenkostenabrechnung ergibt sich für Sie eine nicht unerhebliche Nachzahlung für 2015 in Höhe von _____. Gemäß § 560 Absatz 4 BGB bin ich daher berechtigt, die künftigen monatlichen Nebenkostenvorauszahlungen anzupassen, damit größere Nachzahlungen in der Zukunft vermieden werden können.

Ich erhöhe hiermit die Vorauszahlungen um € _____ pro Monat (= gerundete Nachzahlung für 2015 / 12 Monate). Damit ergibt sich für Sie künftig eine monatliche Mietzahlung in folgender Höhe:

- Nettokaltmiete pro Monat: € _____

  Neue Nebenkostenvorauszahlung: € _____

  Neue Gesamtmiete (= Nettokaltmiete + Nebenkostenvorauszahlung): € _____

Die angepasste Mietzahlung ist ab dem nächsten Zahlungstermin fällig. Bitte überweisen Sie daher ab _____ (Monat, Jahr) den ausgewiesenen Betrag der neuen Gesamtmiete.

Mit freundlichen Grüßen

Vermieter: _____

(Unterschrift)

18. ABRECHNUNG ÜBER DIE KAUTION

Bei Beendigung des Mietverhältnisses ist der Vermieter zur Abrechnung der Kaution und Auszahlung des Betrages verpflichtet, der nicht für die Tilgung von Ansprüchen des Vermieters gegen den Mieter benötigt wird.

Der Vermieter kann vom Mieter eine Kaution jedoch nur dann verlangen, wenn dies im Mietvertrag ausdrücklich vereinbart worden ist. Es gibt keine gesetzliche Verpflichtung des Mieters zur Kautionszahlung.

Der Mustermietvertrag in diesem Buch (Text Nr. 1 weiter oben) enthält daher in § 5 eine entpsrechende Verpflichtung des Mieters.

Der Vermieter darf grundsätzlich für eine mögliche Nebenkostennachforderung einen angemessenen Teil der Mietkaution zur Sicherung dieses Anspruchs bis zum Ablauf der ihm zustehenden Abrechnungsfrist für die Betriebskosten einbehalten.[109] Soweit es nicht um Nebenkostennachforderungen geht, sondern um Schäden an der Immobilie und um unterlassene Schönheitsreparaturen, sollte der Vermieter zeitnah prüfen, ob es Schäden gibt und einen entsprechenden Einbehalt der Kaution vornehmen. Auch für solche Forderungen ist

---

[109] Ich verweise dazu auf BGH, Versäumnisurteil vom 20.7.2016 (VIII ZR 263/14) - abrufbar unter https://www.bundesgerichtshof.de/

der Vermieter zum Zugriff auf die Kaution berechtigt.[110] Da Schäden in der Regel vor der Neuvermietung behoben werden, sollte es möglich sein, die dafür auflaufenden Kosten auch zeitnah zu beziffern. Es entspricht der geübten Praxis, diese Positionen spätestens nach 6 Monaten abzurechnen und den nicht benötigten Teil der Kaution (inklusive aufgelaufener Guthabenzinsen) an den ehemaligen Mieter auszuzahlen, obgleich eine solche Frist gesetzlich nicht geregelt ist.

Nachfolgend finden Sie ein Musterschreiben für die Abrechnung einer Kaution.

---

[110] Ich verweise dazu auf BGH, Urteil vom 18.01.2006 (VIII ZR 71/05) und auf BGH, Versäumnisurteil vom 20.7.2016 (VIII ZR 263/14) - abrufbar unter
https://www.bundesgerichtshof.de/

EINSCHREIBEN (Einwurf)

Name Mieter

Strasse

PLZ, Ort

Ort, Datum

Abrechnung der Kaution für die von Ihnen gemietete Wohnung (Strasse, PLZ Ort, x.Etage, links/mitte/rechts)

Sehr geehrte Frau _____,

Sehr geehrter Herr _____,

nach Beendigung des im Betreff bezeichneten Mietverhältnisses rechne ich nun wie folgt die Kaution ab:

Ausweislich des beigefügten Kontoauszuges beträgt die Kaution inklusive aufgelaufener Guthabenzinsen und abzüglich der von der Bank einbehaltenen und direkt abgeführten Abgeltungssteuern auf die Zinsen € _____ zum Stichtag _____ (Datum).

Mit der Kaution verrechne ich im Wege der Aufrechnung gemäß § 388 ff. BGB die folgenden Positionen:

1. Für von Ihnen mietvertraglich geschuldete und nicht ausgeführte Schönheitsreparaturen entstandene Kosten in Höhe von € _____ gemäß anliegender Rechnungskopie der beauftragten Fachfirma

2. Für die Reparatur des von Ihnen beschädigten Waschbeckens Kosten in Höhe von € _____ gemäß anliegender Rechnungskopie der beauftragten Fachfirma

Da die Erstellung der Nebenkostenabrechnung für den Abrechnungszeitraum _____ erst zu einem späteren Zeitpunkt erfolgt und ich mit einer Nachzahlung in Höhe von ca. € _____ rechne, werde ich dafür einen entsprechenden Restbetrag bis zur Erstellung der ausstehenden Nebenkostenabrechnung einbehalten.

Den nicht durch Aufrechnung erloschenen bzw. durch Einbehalte gekürzten Teil der Kaution in Höhe von € _____ habe ich heute auf Ihr Konto überwiesen.

Mit freundlichen Grüßen

Vermieter: _____

(Unterschrift)

STICHWORTVERZEICHNIS

ÜBER DEN AUTOR

Alexander Goldwein ist gelernter Jurist und hat einen internationalen Bildungshintergrund. Er hat in drei Staaten in drei Sprachen studiert.

Er ist mit Kapitalanlagen in Immobilien self-made Millionär geworden. Als Autor und Berater hat er zudem zahlreiche Menschen zu wirtschaftlichem Erfolg geführt. Durch seine Bücher hat Goldwein sich bei privaten Immobilieninvestoren einen legendären Ruf erarbeitet, weil er mit seinen ganzheitlichen Erklärungsansätzen den idealen Nährboden für gelungene Investitionen in Wohnimmobilien erzeugt. Mit eigenen Investitionen in Immobilien hat er ein beachtliches Vermögen aufgebaut und wirtschaftliche Unabhängigkeit erlangt.

In seinen Büchern verfolgt der Autor Goldwein konsequent den Ansatz, komplexe Themen einfach zu erklären, so dass auch Anfänger ohne Vorkenntnisse mühelos folgen können. Er erreicht so alle, die gerne in Immobilien investieren würden, aber bisher noch keinen Zugang zu dem notwendigen Fachwissen erhalten haben. Leider werden Grundkenntnisse des Investierens und des klugen Umgangs mit Geld in unserem Bildungssystem sträflich vernachlässigt. So erklärt sich, dass viele Menschen sich damit schwer tun und ihre Chancen nicht richtig nutzen.

Goldwein verfügt über eine große Bandbreite praktischer Erfahrung aus seiner Tätigkeit als Unternehmensjurist in der Rechtsabteilung einer Bank sowie als kaufmännischer Projektleiter in der Immobilienbranche. In seiner praktischen Laufbahn hat er Immobilieninvestments in den USA und in Deutschland aus wirtschaftlicher und rechtlicher Sicht begleitet und verantwortet.

Weiteren Informationen finden Sie auf der Internetseiten des Autors: https://alexander-goldwein.de

GELD VERDIENEN MIT WOHNIMMOBILIEN
Erfolg als privater Immobilieninvestor

ISBN
978-0-993950-64-3
(Taschenbuch)
ISBN
978-0-994853-33-2
(Gebundene Ausgabe)
Auf Amazon.de:
https://amzn.to/22FkyNs

Auch Sie können Erfolg haben mit Kapitalanlagen in Wohnimmobilien! In diesem Buch erklärt der gelernte Jurist und Banker Alexander Goldwein verständlich und mit konkret durchgerechneten Beispielen, wie Sie mit Wohnimmobilien ein Vermögen aufbauen und finanzielle Freiheit erlangen können. Die Lektüre setzt keine Vorkenntnisse voraus und ist auch für Anfänger geeignet. In diesem Buch erfahren Sie ganz konkret:

- Strategien zur sicheren & rentablen Kapitalanlage in Wohnimmobilien

- Aufspüren lukrativer Renditeimmobilien auch in angespannten Märkten

- Grundlagen der Immobilienbewertung und Kaufpreisfindung

- Checklisten zur professionellen Prüfung & Verhandlungsstrategien für den Ankauf

- Strategien für die optimale Finanzierung und Hebelung der Eigenkapitalrendite

- Berechnung von Cash-Flow & Rendite mit dem als Bonus erhältlichen Excel-Rechentool
- Steueroptimierte Bewirtschaftung & Realisierung von Veräußerungsgewinnen
- Praxisrelevante Grundlagen des Immobilienrechtes (inklusive der Besonderheiten bei vermieteten Eigentumswohnungen)
- Praxisrelevante Grundlagen des Mietrechtes (inklusive der Regelungen zu Mieterhöhungen)

STEUERLEITFADEN FÜR IMMOBILIENINVESTOREN
Der ultimative Steuerratgeber für Privatinvestitionen in Wohnimmobilien

ISBN:

978-3-947201-48-8

(Taschenbuch)

ISBN:

978-0-994853-38-7

(Gebundene Ausgabe)

Auf Amazon.de:

https://amzn.to/34tufW8

Sichern Sie sich maximale Steuervorteile durch überlegenes Wissen! Der Autor erklärt Ihnen Schritt für Schritt praxiserprobte Steuerstrategien für vermietete Wohnimmobilien. Kompakt, verständlich und gründlich.

- Maximaler Ansatz von Werbungskosten

- Realisierung steuerfreier Veräußerungsgewinne
- Steuervorteile bei Denkmalschutzimmobilien
- Ferienimmobilien im In- und Ausland als Renditeobjekt
- Erbschafts- und Schenkungssteuer (steueroptimierte Übertragung auf Ehepartner & Kinder)
- Bonusmaterial: Excel-Tool für Kalkulation von Rendite, Finanzierungskosten und Cash-Flow

Das Markenzeichen von Alexander Goldwein ist, komplexe Themen einfach zu erklären. So haben auch Leser ohne Vorkenntnisse die Chance, die Zusammenhänge zu verstehen und dieses Wissen für sich zu nutzen. Das Buch enthält zahlreiche Beispiele aus der Praxis und aktuelle Hinweise auf die Rechtsprechung und auf Schreiben des Bundesfinanzministeriums. Es ist sowohl für Anfänger als auch für Fortgeschrittene geeignet.

Profitieren Sie von den praktischen Erfahrungen des Autors als erfolgreicher Immobilieninvestor, Jurist mit Spezialisierung im Steuerrecht und als kaufmännischer Projektleiter in der Immobilienbranche!

VERMIETUNG & MIETERHÖHUNG
Mit anwaltsgeprüftem Mustermietvertrag & Mustertexten

ISBN

(Taschenbuch)

978-3-947201-44-0

ISBN

(Gebundene Ausgabe)

978-0-994853-39-4

Auf Amazon.de:

https://amzn.to/2OboV2g

Dieser Ratgeber hilft mit umfassenden Informationen und praktischen Tipps, die Vermietung professionell anzupacken. Er führt verständlich in die praxisrelevanten Grundlagen des Mietrechtes ein und leitet daraus strategische Empfehlungen ab. Darüber hinaus erhalten Sie zahlreiche Mustertexte (z.B. Übergabeprotokolle, Betriebskostenabrechnungen) und Musterschreiben (z.B. für Mieterhöhungen, Abmahnungen und Kündigungen), um das vermittelte Wissen konkret in die Praxis umzusetzen. Die Mustertexte können Sie auch als Datei anfordern, um diese zu bearbeiten und selbst auszudrucken.

- Anwaltsgeprüfter Mustermietvertrag und zahlreiche Mustertexte für die praktische Umsetzung

- Strategien für die richtige Mieterauswahl

- Muster für professionelle Nebenkostenabrechnung

- Mieterhöhungen durchsetzen & Mietminderungen abwehren

- Entschärfung von Konfliktherden mit Mietern

Der Autor Goldwein ist selbst erfolgreicher Vermieter. Als gelernter Jurist hat er sich auf das Immobilienrecht spezialisiert und mehrere Bestseller zu Kapitalanlagen in Wohnimmobilien geschrieben.

IMMOBILIEN STEUEROPTIMIERT VERSCHENKEN & VERERBEN

Erbfolge durch Testament regeln & Steuern sparen mit Freibeträgen & Schenkungen von Häusern & Eigentumswohnungen

ISBN:

978-3-947201-43-3

(Taschenbuch)

ISBN:

978-0-994853-34-9 (Gebundene Ausgabe)

Auf Amazon.de:

https://amzn.to/2UEuXL7

Dieser Ratgeber hilft Ihnen, Ihr Testament richtig aufzusetzen und die Übertragung Ihres Vermögens auf die nachfolgenden Generationen steueroptimiert zu gestalten. Immobilien als Bestandteil des Vermögens sind in ganz besonderem Maße geeignet, durch Ausnutzung von Gestaltungsspielräumen Steuern zu sparen und die alte Generation für das Alter abzusichern. Die Grundlagen und Gestaltungsmöglichkeiten werden in diesem Buch systematisch und verständlich dargestellt. Die Lektüre setzt keine Vorkenntnisse voraus und ist auch für rechtliche Laien geeignet.

Aus dem Inhalt:

- Darstellung der gesetzlichen Erbfolge mit den Konsequenzen für die Erbschaftsteuerbelastung

- Optimale Gestaltung des Testamentes zur Übertragung von Immobilien auf Kinder und Enkel

- Schenkungen von Immobilien zu Lebzeiten als Mittel zur Senkung der Steuerbelastung

- Absicherung des Schenkers von Immobilien durch Nießbrauch, dingliches Wohnrecht und Leibrente

- Anhang mit Mustertexten zur Umsetzung der Strategien

Der self-made Millionär und Bestsellerautor Goldwein ist gelernter Jurist mit einer Spezialisierung im Immobilien- und Steuerrecht. Er hat mit seinen Ratgeberbüchern zahlreiche Leser begeistert und zu wirtschaftlichem Erfolg geführt. Mehrere seiner praktischen Ratgeber sind Bestseller Nr. 1 bei Amazon geworden.

DIE GESETZE VON ERFOLG & GLÜCK
Ihr Weg zu finanzieller Freiheit & Zufriedenheit

ISBN: 978-3-947201-01-3
(Taschenbuch)
ISBN: 978-3-947201-13-6
(Gebundene Ausgabe)
Auf Amazon.de:
https://amzn.to/2pPSAAm

Es ist die Frage der Fragen: Wie wird man als Mensch erfolgreich und glücklich?

Der self-made Millionär und Bestsellerautor Goldwein gibt Antworten und verrät in diesem Buch die Geheimnisse seines phänomenalen Erfolges. Innerhalb weniger Jahre ist der gelernte Jurist mit Kapitalanlagen in Immobilien Millionär geworden und darüber hinaus zu einem der erfolgreichsten Sachbuchautoren in Deutschland aufgestiegen. Er hat mit seinen Ratgeberbüchern viele Leser begeistert und zu wirtschaftlichem Erfolg geführt.

Aus dem Inhalt:

- Selbsterkenntnis als Schlüssel zum Erfolg
- Wege in die finanzielle Freiheit
- Chancen erkennen & nutzen
- Steigerung der Effizienz mit einfachen Mitteln
- Steigerung der Lebensqualität & Zufriedenheit
- Mehr Erfolg bei weniger Stress

- Unabhängigkeit & Freiheit erlangen

FERIENIMMOBILIEN IN DEUTSCHLAND & IM AUSLAND

Erwerben, Selbstnutzen & Vermieten

ISBN: 978-3-947201-47-1
(Taschenbuch)
ISBN: 978-3-947201-16-7
(Gebundene Ausgabe)
Auf Amazon.de:
https://amzn.to/2OVsASD

Viele Menschen träumen von einer eigenen Ferienimmobilie in Deutschland oder im Ausland. Dieser Ratgeber zeigt Ihnen, worauf es beim Erwerb und bei der Finanzierung ankommt und wie Sie Fehler vermeiden.

Sie erfahren ganz konkret:

- Kriterien für die Auswahl der Ferienimmobilie
- Kriterien für die Auswahl des Standortes
- Ermittlung des angemessenen Kaufpreises
- Rechtssicherer Erwerb im Inland und im Ausland
- Eliminierung typischer Fehlerquellen
- Eigennutzung und Vermietung der Ferienimmobilie
- Ferienimmobilie als Kapitalanlage
- Steuerrechtliche Fragen bei Erwerb und Vermietung

- VISA-Anforderungen bei Auslandsimmobilien

Der Bestsellerautor Goldwein ist gelernter Jurist und hat in drei Staaten in drei Sprachen studiert. Er beschäftigt sich seit fast 20 Jahren professionell mit Immobilien und ist selbst Eigentümer von Ferienimmobilien in Deutschland, Spanien und Florida. Mehrere seiner Bücher sind Bestseller Nr. 1 bei Amazon und haben zahlreiche Leser begeistert und zum Erfolg geführt.

Als Leser dieses Buches sind Sie zum kostenlosen Bezug von attraktivem Bonusmaterial des Autors in Form eines Wissenspaketes für Immobilieninvestoren berechtigt.

IMMOBILIEN IN SPANIEN
Erwerben, Selbstnutzen & Vermieten

ISBN: 978-3-947201-45-7
(Taschenbuch)
ISBN: 978-3-947201-22-8
(Gebundene Ausgabe)
Auf Amazon.de:
https://amzn.to/2ryjymp

Viele Menschen träumen von einer eigenen Immobilie in Spanien. Dieser Ratgeber zeigt Ihnen, worauf es beim Erwerb und bei der Finanzierung ankommt und wie Sie Fehler vermeiden.

Sie erfahren ganz konkret:

- Kriterien für die Auswahl der Immobilie

- Ermittlung des angemessenen Kaufpreises
- Rechtssicherer Erwerb in Spanien
- Eliminierung typischer Fehlerquellen
- Eigennutzung und Vermietung
- Immobilie in Spanien als Kapitalanlage
- Steuerrechtliche Fragen bei Erwerb und Vermietung
- VISA-Anforderungen für langfristige Niederlassung

Der Bestsellerautor Goldwein ist gelernter Jurist und hat in drei Staaten in drei Sprachen studiert. Er beschäftigt sich seit fast 20 Jahren professionell mit Immobilien und ist selbst Eigentümer von Immobilien in Spanien, Deutschland und Florida. Mehrere seiner Bücher sind Bestseller Nr. 1 bei Amazon und haben zahlreiche Leser begeistert und zum Erfolg geführt.

Als Leser dieses Buches sind Sie zum kostenlosen Bezug von attraktivem Bonusmaterial des Autors in Form eines Wissenspaketes für Immobilieninvestoren berechtigt.

IMMOBILIEN IN DEN USA
Erwerben, Selbstnutzen & Vermieten

ISBN: 978-3-947201-46-4
(Taschenbuch)
ISBN: 978-3-947201-24-2
(Gebundene Ausgabe)
Auf Amazon.de:
https://amzn.to/2OLGxCA

Viele Menschen träumen von einer eigenen Immobilie in den USA. Dieser Ratgeber zeigt Ihnen, worauf es beim Erwerb und bei der Finanzierung ankommt und wie Sie Fehler vermeiden.

Sie erfahren ganz konkret:

* Kriterien für die Auswahl der Immobilie
* Kriterien für die Auswahl des Standortes
* Ermittlung des angemessenen Kaufpreises
* Rechtssicherer Erwerb in den USA
* Eliminierung typischer Fehlerquellen
* Eigennutzung und Vermietung
* Ferienimmobilie als Kapitalanlage
* Steuerrechtliche Fragen bei Erwerb und Vermietung
* VISA-Anforderungen in den USA

Der Bestsellerautor Goldwein ist gelernter Jurist und hat in drei Staaten in drei Sprachen studiert. Er beschäftigt sich seit fast 20 Jahren professionell mit Immobilien und ist selbst Eigentümer von Immobilien in den USA, Deutschland und Spanien. Mehrere seiner Bücher sind Bestseller Nr. 1 bei Amazon und haben zahlreiche Leser begeistert und zum Erfolg geführt

Als Leser dieses Buches sind Sie zum kostenlosen Bezug von attraktivem Bonusmaterial des Autors in Form eines Wissenspaketes für Immobilieninvestoren berechtigt.

DAS IMMOBILIEN-PRAXISHANDBUCH FÜR EIGENNUTZER

Die richtige Strategie für Immobilienkauf, Immobilienfinanzierung & Neubau

ISBN: 978-3-947201-33-4 (Taschenbuch)

ISBN: 978-3-947201-34-1 (Gebundene Ausgabe)

Auf Amazon.de:

https://amzn.to/2HDMHn u

Kauf, Neubau und Finanzierung eines Eigenheims stellen langfristige und weitreichende Weichenstellungen dar. In diesem Ratgeber erhalten Sie umfangreiche Informationen und Checklisten für den Kauf einer gebrauchten Immobilie sowie für den Neubau in Eigenregie. Als Bonus ist ein Excel-Rechentool für Immobiliendarlehen verfügbar. Mit diesem Ratgeber werden Sie in der Lage sein, die Anschaffung und Finanzierung gut zu organisieren und teure Fehlgriffe zu vermeiden.

Aus dem Inhalt:

- Kauf einer gebrauchten Immobilie
- Kauf einer Neubauimmobilie vom Bauträger
- Kauf eines Grundstückes & Bau in Eigenregie
- Besonderheiten beim Kauf einer Eigentumswohnung
- Kauf in der Zwangsversteigerung

- Strategien für eine intelligente Finanzierung mit Darlehen & Eigenkapital
- Staatliche Förderung des Eigenheimerwerbs (z.B. Wohn-Riester)
- Berechnungstool für Darlehensfinanzierungen

Der Bestsellerautor Goldwein beschäftigt sich als Investor, Banker und Jurist mit einer Spezialisierung im Immobilienrecht seit fast 20 Jahren professionell mit Wohnimmobilien. Mehrere seiner Bücher sind Bestseller Nr. 1 bei Amazon und haben zahlreiche Leser begeistert und zum Erfolg geführt.

LEITFADEN FÜR INVESTMENTSTRATEGIE, STEUERSTRATEGIE & STEUEROPTIMIERTE RECHTSFORMWAHL

Das Erfolgsgeheimnis für den Aufstieg aus der Mittelschicht zum Millionär

ISBN 978-3-947201-37-2 (Taschenbuch)

ISBN 978-3947201-38-9 (Gebundene Ausgabe)

Auf Amazon.de:
https://amzn.to/2t58tHv

Viele Menschen aus der Mittelschicht schaffen den Aufstieg zum Millionär nur deshalb nicht, weil ihnen die entscheidenden Informationen fehlen, um ihre Steuerbelastung zu verringern und durch intelligente Investitionen ein Vermögen aufzubauen. Das gilt insbesondere für hochqualifizierte Arbeitnehmer und kleinere mittelständische Unternehmer.

Für die Erlangung von finanzieller Freiheit und wirtschaftlicher Unabhängigkeit ist der Aufbau eines größeren Vermögens unverzichtbar. Dazu sind drei entscheidende Baustellen in den Blick zu nehmen:

1. Erhöhung der Einnahmen

2. Intelligente Investition von Kapital zur Generierung passiver Einkünfte

3. Begrenzung der Steuerbelastung

Dieser Ratgeber vermittelt das entscheidende Wissen für eine ausgefeilte Investment- und Steuerstrategie, die für jedermann umsetzbar ist und den Weg zur finanziellen Freiheit und Unabhängigkeit ebnet.

EXISTENZGRÜNDUNG LEICHT GEMACHT: IN 7 SCHRITTEN ERFOLGREICH DURCHSTARTEN IN DIE SELBSTÄNDIGKEIT:

Geschäftsmodell, Charakterliche Eignung, Recht & Steuern

ISBN 978-3-947201-41-9 (Taschenbuch)

ISBN 978-3947201-42-6 (Gebundene Ausgabe)

Auf Amazon.de:

https://amzn.to/2OaEsj1

Viele Menschen träumen von einer Karriere als erfolgreicher Unternehmer. Doch nur wenige erreichen dieses Ziel. Für unternehmerischen Erfolg sind grundlegende charakterliche Prägungen und Veranlagungen erforderlich. Mindestens genauso wichtig sind ein planmäßiges Vorgehen und eine gute Wissensgrundlage.

Dieser Ratgeber vermittelt die erforderlichen Grundlagen für eine erfolgreiche Existenzgründung und hilft bei der Entwicklung eines tragfähigen Geschäftsmodells. Außerdem verrät der Autor die besten 3 Geschäftsmodelle aus seiner Beratungspraxis für Existenzgründer.

Der Bestsellerautor und self-made Millionär Alexander Goldwein ist gelernter Jurist und erfolgreicher Unternehmer und Investor. Mit seinen Ratgeberbüchern hat er zahlreiche Leser begeistert und zu wirtschaftlichem Erfolg geführt.

RECHTSFORMWAHL FÜR SELBSTÄNDIGE & EXISTENZGRÜNDER:

Mit Optimaler Rechtsform Haftung begrenzen, Steuerbelastung senken und Gewinn steigern

ISBN 978-3-947201-39-6
(Taschenbuch)
ISBN 978-3947201-40-2
(Gebundene Ausgabe)
Auf Amazon.de:
https://amzn.to/2HtTQXi

Viele Selbständige und Existenzgründer unterschätzen radikal die Bedeutung der Rechtsformwahl für die Optimierung der Steuerbelastung und Altersvorsorge. Oft erkennen sie erst Jahre später, dass die GmbH als Rechtsform viele Steuern gespart hätte.

In diesem Leitfaden werden die möglichen Rechtsformen vorgestellt und die Auswirkungen der Rechtsformwahl auf Haftungsbegrenzung, Steuerbelastung und Altersvorsorge beleuchtet. Darüber hinaus werden die Aspekte eines Rechtsformwechsels bei einem bereits bestehenden Unternehmen besprochen.

Der als Bonus zu diesem Buch verfügbare Steuerbelastungsvergleichsrechner auf MS-Excel-Basis ermöglicht exakte Vergleichsrechnungen der Gesamtsteuerbelastung für unterschiedliche Rechtsformen. Aus dem Inhalt:

- Grundlagen der Rechtsformwahl für die selbständige Tätigkeit
- Steuerbelastungsvergleiche zur Herleitung der Vorteilhaftigkeit der GmbH
- Steuerbelastungsvergleichsrechner auf MS-Excel-Basis
- Rechtsformwechsel eines bereits bestehenden Unternehmens
- Pensionszusage der inhabergeführten GmbH als intelligente Kombination einer Altersvorsorge mit einem Steuersparmodell

Der self-made Millionär und Bestsellerautor Goldwein ist gelernter Jurist mit einer Spezialisierung im Steuerrecht und im Unternehmensrecht. Er hat mit seinen Ratgeberbüchern zahlreiche Leser begeistert und zu wirtschaftlichem Erfolg geführt. Mehrere seiner praktischen Ratgeber sind Bestseller Nr. 1 bei Amazon geworden.